中國

塵封不住的
》》》絢麗王朝

- 風華絕代的隋唐氣象
- 一枝獨秀的兩宋雲煙
- 塵封千載的西夏往事
- 領略繽紛瑰寶的盛世繁華
- 品味錦上添花的兩宋芳澤
- 探尋黃沙深處的王朝蹤影

史話

4

中國史話

　　本書是根據CCTV10教科文行動「中國史話」編纂而成，大致依編年的方式講述中國的歷史，透過考古的發掘，述說不為人知的傳奇與奧妙，中華文明的歷史遺存，在專家學者巨細靡遺抽絲剝繭的努力之下，伴隨著連連的驚嘆聲中一一呈現眼前，歷史殘存的片段獲得合理印證與連結，展現出中華歷史燦爛輝煌的廣度與深度。全書共分為六冊：

(1)尋找失落的歷史年表
《石器時代、夏、商、西周》(170萬年前~西元前771)

　　中華文明的歷史遺存，考證遠古人類的生存方式。

　　慷慨萬千的斷代工程，解讀夏商周的歷史年表。

　　嘆為觀止的考古發掘，述說不為人知的傳奇與奧妙。

　　本書共分四章，內容包括：文明初始、尋找失落的年表、三星堆、殷墟婦好墓。

　　這裏有中華文明的歷史遺存、慷慨萬千的斷代工程、嘆為觀止的考古發掘，本書為讀者考證遠古人類的生存方式、解讀夏商周的歷史年表、述說不為人知的傳奇與奧妙。

(2)唇槍舌戰的春秋時代
《東周、春秋戰國》(西元前770~ 西元前222)

　　捨我其誰的熱血男兒，探究鐵馬金戈的戰國遺跡。

　　獨領風騷的思想巨人，追尋萬古流芳的諸子百家。

　　一曲難在的妙曼天音，開啓色彩斑斕的曾侯乙墓。

　　本書分西周和春秋戰國和曾侯乙墓兩部分。內容包括：封建王朝的開端、制禮作樂與由神及人、競爭與動盪紛雜的歷史、隱者和道家等。

(3)氣吞山河的雄奇帝國
《秦、兩漢三國、魏晉南北朝》(西元前359~西元573)

曇花一現的鐵血軍團,親歷橫掃天下的大秦帝國。

風雲際會的兩漢王朝,撫摸魅力永駐的雲岡龍門。

群雄爭霸的三國鼎立,再現白衣飄然的魏晉風度。

本書共分五章,內容包括:秦帝國、兩漢三國、金縷玉衣、魏晉風度、石刻上的歷史。您可以領略曇花一現的鐵血軍團、風雲際會的兩漢王朝、群雄爭霸的三國鼎立,亦可親歷橫掃天下的大秦帝國、撫摸魅力永駐的雲岡龍門, 書中再現了白衣飄然的魏晉風度。

(4)塵封不住的絢麗王朝
《隋唐、兩宋、五代十國(遼、西夏、金)》
(西元581~西元1206)

風華絕代的隋唐氣象,領略繽紛瑰寶的盛世繁華。

一枝獨秀的兩宋雲煙,品味錦上添花的兩宋芳澤。

塵封千載的西夏往事,探尋黃沙深處的王朝蹤影。

本書共分八章,內容包括:隋朝業績、虞弘墓、盛唐氣象、大唐遺風、五代與遼文化、汴京夢華、錦繡江南、西夏王朝。書中涵蓋風華絕代的隋唐氣象,一枝獨秀的兩宋雲煙,塵封千載的西夏往事,可以領略繽紛瑰寶的大唐繁華,品味錦上添花的兩宋芳澤,探尋黃沙深處的王朝蹤影。

(5)三朝上演的皇權沉浮
《元、明、清》(西元1206~西元1842)

獨步天下的蒙古帝國,揭開繁盛華錦的蒙古詩篇。

氣吞華宇的明朝帝都,起航波瀾壯闊的明代巨輪。

濃墨重彩的康乾盛世，透視盛極而衰的清宮末路。

　　本書共分六章，內容包括：元朝風韻、明朝興起、康乾盛世、避暑山莊、文化劫掠、近代鐵路。

　　通過本書您可以了解縱橫四海的蒙古帝國、氣吞華宇的明朝帝都、濃墨重彩的康乾盛世，您可以綜覽氣象萬千的元朝風韻、起航大氣磅礴的明代巨輪，可以透視盛極而衰的清宮末路。

(6)吶喊聲中的圖強變革
《清末、民初》(西元1900~西元1919)

　　暮鼓晨鐘的血雨腥風，展示庚子事變的翻天覆地。

　　席捲神州的覺醒奮發，重現覺醒者們的生死豪情，描繪勵精圖治的少年中國。

　　本書分為庚子事變和記憶百年兩部分。主要內容包括：庚子事變的真相、清軍和義和團對東交民巷的圍攻、聯軍攻進了北京城、孫中山革命、清帝遜位、民國成立。

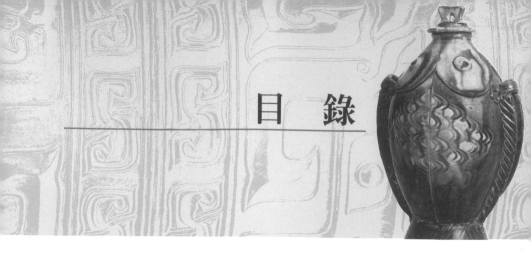

目　錄

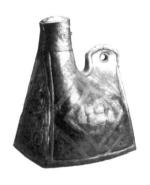

目　錄

第一章 隋朝業績

人們都說，中華文明是龍的文明，她是以農耕文明為基礎走向輝煌的。但實際上，常被後人引以為榮的隋唐帝國開創者，卻與那遼闊的大草原有著極為密切的關係。

<1> 民族融合的一個側面

先讓我們看看，建立隋唐這兩個大帝國的草原軍團呈現的是怎樣的形態。

武川鎮（今內蒙古武川西），守衛這一據點的軍隊不久南下統一了天下。隋朝開國元勳楊氏一族、朝開國元勳李氏一族，均是受命於北魏的大將，他們以此地為根據地，擴展了自己的實力。

西元五三四年，北魏分裂為東魏、西魏。沒過多久，兩部均被手下武將篡位。西元五五六年，武川鎮軍團滅西魏，建立了北周。西元五七七年，北周破北齊，再度統一華北地區。但是四

↑ 內蒙古武川鎮

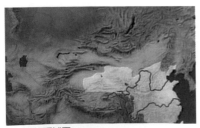

↑ 隋朝疆域圖

↑ 故宮博物院收藏的隋代黃綠釉文吏俑

年後，任命於北周的武川鎮武將楊堅奪位，建立了隋朝。

北京的故宮博物院中，收藏有隋代的文物，其中有一件黃綠釉文吏俑，此像塑造的是隋時官僚，他身著長袖的漢族服裝，但是從其頜下蓄起的鬍鬚等，可以看出他是北方游牧民族出身，這尊塑像將游牧民族與漢民族文化融合的一個側面展示給後人。

隋朝開國之君楊堅是漢族人，但是他的身上混有鮮卑族血統，他的性格也夾雜有游牧民族的特點，這正是當時民族融合的一個縮影。

❶ 隋代展子虔《遊春圖》

故宮博物院收藏的《遊春圖》，是中國現存最早的一幅卷軸山水畫。畫中描繪了群山環繞下的湖泊，信步漫遊的人群，還可以看到騎在馬上的年輕人。這幅畫的作者展子虔，在當時被譽為是畫馬的天下第一大家。

展子虔出身於北方，是北齊北周的宮廷畫家，《遊春圖》是由北方出身的畫家所描繪的，具有濃郁南方漢民族氣息的繪畫，從這幅畫中，人們也可以感受到，漢民族與游牧民族文化的融合。

漢魏六朝以來，漢族人在肥沃的江南大地上，培育出了秀雅而

先進的文化。隋朝建國初期，江南地區爆發了激烈的反隋鬥爭，平息叛亂，促進南北大融合，成了隋朝最重要的課題。

隋煬帝是隋文帝和鮮卑族女子所生之子，出生於西元五六九年。他二十歲時，被任命爲江南征伐軍統帥，成功地取得了戰爭的

↑ 楊廣的畫像

勝利。此後十年，他一直擔任江南的地方官吏，再後來他陷害其兄，騙取信任後被立爲皇太子，三十五歲時弑父即位，成爲隋朝的第二代皇帝。

洛陽從東周起，陸續有九個王朝在此建都，因而被譽爲「九朝古都」。隋煬帝所築城牆的遺址至今還保留下來。

隋煬帝登上皇帝寶座後，特別注重廣集賢才，並積極推進民族大融合。

隋朝統一南北，已有十五年的歷史。如何消除南北間的對立，成了擺在隋朝皇帝面前的緊急課題。

隋煬帝首先著手的是大運河的建設。總長達二千四百公里的大運河，是中國歷史上可與萬里長城相提並論的宏大工程。隋煬帝繼位後僅六年，就疏通了舊水路，完成了大運河的開鑿。運河以新都洛陽爲中心，西至長安，東南達揚州，北到現在的北京，將中國各地連爲一體。

↑ 洛陽隋煬帝所築城牆遺址

對生長於北方的隋煬帝來說，江南是一片充滿新鮮感和魅力的土地。隋煬帝不顧大臣們的勸諫，南下總要

↑ 大運河示意圖

⬆ 舉子考試所住的號舍

⬆ 清朝的《觀榜圖》

駕起巨大而豪華的遊船，泛舟運河，尋歡作樂。在後世，隋煬帝被視爲只知自己享樂，不顧百姓死活的暴君。但《隋書·煬三子傳》則記述他「則天法地，混一華戎」，即取法天地之交融，使華戎各族融合爲整體。華是南方的漢民族，戎是北方的游牧民族，

　　想將這兩者合二爲一的人，正是隋煬帝。

　　運河是貫通南北，促進各民族融合的重要手段，大運河至今仍是連接中國南北的水上大動脈。

＜2＞ 延續千年的科舉制度

　　隋朝時與開鑿大運河同時實行的另一項促進民族大融合的措施，就是科舉制。

■隋文帝
　　(五八一—六〇四) 楊堅，隋開國皇帝。五八一年代周稱帝，建立隋朝。即位後，加強中央集權、發展經濟、促進民族融合，統一度量衡、貨幣。後滅陳統一全國。

■聖德太子
　　(五七四—六二二) 日本用明天皇王子。曾攝政，接受隋唐文化，推行佛教，未即位而殁，追諡爲聖德太子。著有漢文經疏數種，及憲法十七條。

科舉始於隋文帝時期，它不分出身和民族，按考試成績選拔國家官員。隋煬帝將科舉制度推廣和普及，希望通過這一制度，解除江南漢人的不滿情緒，給中下層讀書人提供入仕之途。

考生不分出身、地位一律平等。考試是在一間小屋中進行的，考生往往一連考上幾天，中途不許離開屋子。

從清朝時所繪的《觀榜圖》中，我們能夠感覺到這一制度所給予百姓的巨大影響。科舉制度一直延續到西元一九一五年才被廢除，是古代讀書人成為國家官員的一道龍門。中榜者的名字，被高高張貼，有很多人去觀看。從隋朝起採用的這套科舉制為國家選拔官員，提供了根據。

↑ 揚州西北的隋煬帝陵

從此以後，所有的朝廷官員，包括地方長官，都必須是科舉合格者。由於一旦考中，便可以衣錦還鄉，享受榮華，所以有不少人考到白髮蒼蒼，科舉不看民族和出身，而是憑成績選拔官員。這項制度，成了以後歷代王朝用人的支柱。

隋朝打破了各地區民族間的壁壘，完善了建立統一大國所必備的各種國家制度。例如將土地全部分配給農民，對其徵稅的均田制得以實行。一方面將數目龐雜的法律，歸納為五百條，這就是歷史上著名的《開皇律》，另一方面行政法令「令」的制定。用「律」定刑以防犯罪，以「令」來運營政治方針，這兩者是國家的兩根基礎支柱。

確立於隋的這一套律令，此後持續了一千三百多年。

隋煬帝致力於建設新國家，但是隋朝建立後不足三十年就滅亡了。開通大運河之後，隋煬帝又出兵遠征朝鮮、西域。由於人民不堪重負，各地反叛不斷。西元六一八年，隋煬帝被家臣所殺。隋煬帝的華戎混一之夢在中途落空，但是他民族大融合的理想，卻被後人所繼承。

第二章 虞弘之墓

<1> 山西虞弘墓的發現

山西省太原市城郊有個寧靜的小村莊，叫王郭村。居住在這個村莊的王秋生、王四華夫婦，和大多數中國農民一樣，每天面對的是再普通不過的農家日子。然而，幾年前，他們卻遇上了一件非同尋常的大事。

一九九九年七月，大雨過後的一個晴天，王秋生正在村口挖水溝，準備將雨水引到田裏去。突然，鐵鍬碰到一塊硬物，路面與硬物之間距離很近，王秋生把浮土拂去，露出了一段罕見的白色石板。

王四華和其他鄰居聞訊趕來，大家沿著石板繼續向四周挖掘。村民漸漸發現了方形的四道牆壁，中間竟是一個漢白玉石質屋頂。大家猜測這應該是個墓室，圍觀的村民越來越多，爲了不讓古墓受到進一步破壞，王秋生夫婦找來木頭，做成護欄，將古墓圍了起來。

⬆ 太原虞弘墓石棺畫像

　　王四華按照當地習俗，在農曆五月不能動土挖墓，否則會對發現者有所不利，正是這個古老的習俗，使一座價值重大的古墓，有幸保存了它的歷史原貌。

　　轉眼到了七月，太原的雨季來了，墓葬如果不及時發掘整理，後果不堪設想。七月九日，正在王郭村指導修路的區建委主任伍春暉聽到了這件事，他敏銳地感到事情的重要性，立即電話通知給李愛國所在的晉源區文物局。

⬆ **漢白玉歇山頂** 三品以上官員方可享用

　　一九九九年七月十三日，由山西省考古研究所、太原市考古研究所、晉源區文物旅遊局組成的聯合考古隊，進駐發掘現場。

　　在太原，七月是很熱的季節，而且又是雨季，為了確保出土文物的安全和考古發掘的順利進行，工作人員在出土地搭起了一個帳篷，當時帳篷內的溫度比帳篷外高出十幾度，在裏面工作汗流浹背，有一種難以忍受的感覺。但是隨著考古發掘的深入，不斷有驚人的發現，這給考古隊員帶來了難以言狀的興奮。

　　首先，他們發現那個漢白玉石質屋頂採用了歇山頂的形式，這引起了主管建築考古工作的太原市考古研究所研究員李非的注意。

　　歇山頂式的建築物，它的形成經歷了一個過程。完整的形成，是在戰國到西漢之間。當時的屋頂形式有五種，即廡殿頂、歇山頂、懸山頂、囤頂、攢尖頂，這五種建築的形式，反映在當時的建築上，體現出等級差別。歇山頂，是僅次於廡殿頂的一種建築形式。

　　李非看到這個漢白玉歇山頂，感到非常驚訝，在太原地區，這樣的墓葬很少見。墓主人採用歇山頂，說明他的身分一定不尋常。

　　二十世紀五○年代末，在陝西就發現了一座隋朝時期墓主人叫李靜訓的墓葬，他的墓葬就是石製的歇山頂。二十世紀七○年代初，在陝西西安，又發現了一座墓主人叫李壽的青石歇山頂墓葬，這兩個墓主人身分都非同一般，所以說這座墓葬的發現，它的墓主人的身分，一定是達官貴族，或者是和皇家有聯繫的。

　　李靜訓，雖然死時只有六歲，但生前深受隋煬旁的寵愛，因此葬禮極其奢華。李壽是唐初的淮安靜王，李姓王爺的墓葬，規格更是不凡。二人都是皇親國戚，身分顯赫，然而他們採用的石料，也只是陝西地區常見的青石，而這座墓葬所採用的漢白玉，卻是幾百公里外河北曲陽的特產。墓主人既採用歇山頂的形式，又千里迢迢耗費人力物力運來漢白玉，他究竟是誰，什麼身分，一股強烈的好奇和興奮，湧動在所有考古隊員的心中。

　　考古隊員謹慎地鏟去漢白玉石料周圍的泥土，古墓終於掀開了冰山一角，歇山頂下是一個全部由漢白玉組成的方形石槨。石槨出土時，槨門已經損毀，只剩下門楣了。然而從它那僅存的雕刻上，考古人員依然能感受到，槨門的雕刻之精美，遠遠超出了人們的想像。

⊙ 方形的漢白玉石槨

　　而槨門兩側的漢白玉石壁上，兩個誰也想不到的石雕，一下子驚住了在場的所有人。這些人物形象，不是常見的樣子。他們高鼻深目，髮型奇

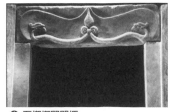
⊙ 石槨槨門門楣

特。槨門右側的浮雕，是牽馬圖。牽馬圖描繪了四個僕人，他們身穿圓領窄袖，紅色長袍，即使在今天，衣服的顏色依然鮮明。牽馬者的頭髮，用絲帶束起，在頭頂挽一花結，上面似乎還有裝飾。更有趣的要數中間那匹馬，馬身上沒有馬鐙，只有一個類似紮起口的口袋狀的東西。馬尾中間，用絲帶束成蝴蝶花結，馬身下還圍繞著兩條狗。浮雕最上面，是兩隻鳥，其中一隻鳥的脖子上，也繫著絲帶，微微向上飄起。這種馬尾束結、鳥頸束結的樣式，是常見於西亞波斯和中亞的習俗。

↑ 奉果圖 1 局部

　　最奇特的是畫面下方的那匹馬，它長著一雙翅膀。帶翅膀的動物，同樣是西亞和中亞常見的藝術形象。槨門左側的浮雕奉果圖，主人翁端坐於馬上，他留著波形長髮，蓄著八字鬍鬚，頭戴滿是飾物的官帽，帽上有一個彎月形飾物，月牙朝上，彎月中又有一個圓形飾物，它們好像象徵日月。這與波斯王的日月王冠頗為相似。特別是此人冠後的飄帶，也像波斯王的王冠一樣，向上飄起。

↑ 奉果圖 2 樹上的水果

↑ 奉果圖 3 馬的四蹄

　　他正端詳手中的水果，水果的樣

↑ 奉果圖 4 頭戴日月冠的浮雕人物

↑ 奉果圖 5　僕人手中的水果

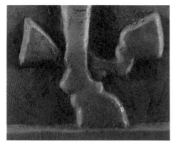

↑ 奉果圖 6　馬蹄貼金

子奇特，右邊有一棵樹，樹上的果實，與他手中的一樣。樹下的僕人，手中的杯盤上，也放著一樣的水果，顯然是從樹上採摘而來。主人坐下的馬，馬尾束結，特別是馬的四蹄，也束上了蝴蝶花結，顏色鮮豔，並且還做了貼金處理。這種馬腿上束結的習俗，更是源於中亞和西亞。考古隊員們對這兩塊浮雕唏噓不已，驚歎在遙遠的中國內地，竟然深埋著完全是中亞、西亞風格的墓葬雕刻。

在漢白玉上進行這樣的雕刻是很少見的。雕刻所繪的內容，更是充滿了波斯風格。從服飾、用具，一直到墓主人的一些器皿、住房等等，都充滿了西域的風格。看到這些，考古人員非常地驚奇，至少在以往發表的材料中，還沒見過類似的物品。

看來這樣的浮雕，還是頭一次在中國出土，這是哪個朝代的墓葬？斷代問題，推到了考古研究者面前。

以往只在隋代的李靜訓墓中和初唐的李壽墓中發現過歇山頂石槨，這說明它的時代，應 該在隋唐之間。

而墓葬的墓葬形制和出土的繩紋磚都是從北朝開始，一直流行到唐代中期。

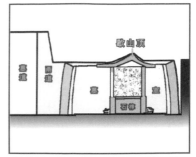

↑ 墓室結構圖　虞弘墓墓葬除了沒有用棺木，其餘與中原墓葬形制相似

⬆ 槨門兩側的漢白玉石壁

⬆ 漢白玉石壁上奇特的人物形象

王郭村的這座墓葬，長不足十四米，由墓道、甬道、墓室組成，墓室的形狀，爲弧邊方形。就是說整體上是方形，只不過四個角被砌成了弧形，這是隋唐時期的墓葬特色。而石槨的歇山頂，目前僅見於隋唐墓葬。因此考古工作者初步確定，墓葬的時間在隋唐前後。

在清理石槨頂部時，有人發現了兩枚開元通寶，考古隊員興奮起來，難道是唐墓？中國古人有視死如視生的傳統，就是主人生前生活什麼樣，

的世界生活還是什麼樣。因此生前的必需品，死後也哪個都不能缺。自然，金錢是包括在內的。在考古過程中，經常出現有大量金錢隨葬的情況。但是，隨葬的錢幣，通常成群堆放在一起，而且都會被放在墓室裏，單獨出現在槨頂的兩枚銅錢，則非常罕見，它們是被人有意放的，還是被人遺失的，又是怎麼遺失的，考古隊員心頭一團霧水。

隨著清理的進一步深入，考古隊員在墓室底部的淤泥中，甚至在墓道裏有了更多發現，然而卻是令人擔憂的發現。這些器物，分布散亂，毫無規律，考古隊員的心沉了下去。各種

⬆ 牽馬圖 1　畫面上方繫飄帶和頭光的鳥

⬆ 牽馬圖 2　狗

跡象表明，這座墓顯然遭受了嚴重破壞。

　　這座墓裏邊有許多被盜掘的跡象，首先是墓頂被人破壞了；第二，墓裏面的隨葬品漢白玉俑已經殘缺不全，陶俑裏面還有一些殘片，經過考古隊員的仔細核對，沒有一件器物可以說是完整的。可以看出大量的陶俑殘片，已經離開原始墓葬的位置了，不知道去了哪裏。

　　隨後，又有人在墓室的淤泥中，發現幾枚唐代錢幣，考古隊員仔細核對這些銅錢，發現它們居然屬於不同的年代。

　　有一枚銅錢叫做武德開元，那是唐代早期的，另有四枚銅錢，可以確定地說，是屬於唐代晚期的開元錢。

　　既然時代不同，這些銅錢肯定不屬於隨葬品，墓葬的年代也就不能確定是唐代。一股不祥的預感，籠罩著考古隊員，如果沒有更有價值的器物出現，斷代工作，肯定陷入困境，現場工作幾天下來，隊員們當初的興奮之情，被由於墓葬破壞而產生的沉重心理所代替。

　　七月的日子，實在悶熱難耐，考古隊員帶著沉重的心情，繼續搜索、清理。

　　要有了墓誌就有了準確紀年，定年，就有了最可靠的根據。

　　七月二十日，考古隊員終於在墓

↑ 牽馬圖 3　牽馬者

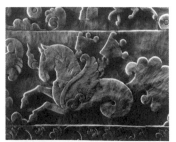

↑ 牽馬圖 4　馬

↑ 牽馬圖 5　畫面上方的有翼馬多見於中亞粟特或西亞波斯的浮雕

上边有几个字

↑ 方形墓誌蓋

↑ 虞弘墓石槨全圖

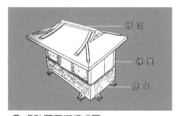

↑ 虞弘墓石槨構成圖

室底部，發現了一塊方形墓室蓋，墓誌卻不見蹤影。

把墓誌蓋的浮土去掉，上邊有幾個字，「大隋虞公墓志」，這樣人們首先確定了它的年代，這是一座隋墓，它的墓主人是一個姓虞的官員。

既然墓誌蓋清楚地表明，這是隋代的墓葬，爲什麼墓中還會出土幾枚唐代不同時期的開元通寶呢？考古隊普遍認爲，這說明這座墓在唐代就已經多次被盜了。盜墓者大肆搜刮墓葬，然後將土回塡。此時，他們身上的銅錢，漏進了土裏，但盜墓者卻毫無察覺。或者，還有另一種可能，爲了避邪，盜墓分子特意在墓中不同位置，放上幾枚銅錢，以幻想保佑他們盜墓能順利進行。而對盜墓者的身分，學者還有這樣的猜測。

這不是一般的盜墓人所爲，或者，這種盜掘的破壞是一種官方行爲，盜墓者可以在光天化日之下，明火執仗地這麼做，甚至做得非常徹底，把墓葬的物品徹底破壞了。比如陶俑的碎片，就直接扔到墓室外邊，隨著時間的流逝，就徹底沒有了。而且也不排除政治上的原因，可能他們信仰的是不同的宗教，比如中國古代發生過「會昌滅法」(唐武宗會昌六年，即西元八四六年，武宗皇帝受道教之影響，以國家整頓之名全面打擊佛教，勒令一切僧尼還俗，拆除廟宇，史稱「會昌滅法」)等事件，限制外來宗教。這個墓葬的毀壞是不是有這種可能性，值得人們進一

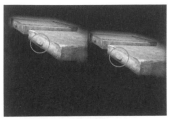

↑ 石壁下方突出的石榫

↑ 底座的長方形卯引

步探討。

如果事實確實如此，還有文化或政治上的原因，那麼爲什麼漢白玉石槨，還被相當完整地保存下來，是什麼原因，阻止了進一步破壞呢？王郭村的墓葬，現場工作還沒結束，就給考古工作者提出了一系列問題。

七月二十一日，考古隊員開始仔細清理這座漢白玉石槨。石槨由槨頂、槨壁和底座組成。組成槨壁的九塊漢白玉，每一塊都有數十公斤重，至少需要六個年輕力壯的小夥子，齊心合力才能移動。而槨頂由三塊漢白玉組成，每一塊重達一噸，人力根本難以挪動。考古隊員在拆卸時，不得不動用了吊車。把如此沉重的物件組裝在一起，怎樣才能保證它的堅固呢？

考古隊員發現，每一塊石壁的下方都有一個突出的石榫。而底座的相應位置內，則各有一個長方形卯引。原來，古人將石製材料做成了中國特色的榫卯結構。同時每一塊槨壁左右上角還插有鐵環。一塊槨壁上前後左右四個角，共有四個鐵環。槨壁立起後，兩塊之間的連接處，用一個扒釘爬住鐵環，這樣既能保證槨壁的堅固，也不用擔心幾噸重的槨頂會壓壞槨壁。

現在深埋黃土的鐵環已經腐

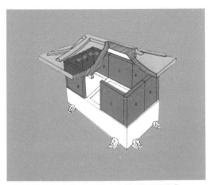

↑ 槨壁和槨座按中國原有的榫卯組裝而成

爛，鐵釘也變得鏽跡斑斑，然而就是靠
著這些扒釘鐵環和中國固有的榫卯結
構，漢白玉石槨已經完好地在地下挺立
了一千四百年。

↑ 鐵環殘痕

考古隊員仔細清理石槨表面，更加
令人驚奇的事情出現了。這些浮雕雕刻
於石槨槨座上，內容罕見。浮雕出土
時，顏色還十分鮮豔，有的地方顯然經
過貼金處理，上面的人物無一例外，都
是高鼻深目。這些浮雕反映的是墓主人
的生活嗎？墓主人是中原人嗎？更加奇
怪的是，考古隊員在石槨裏面並沒有發
現棺木，而按照中國傳統葬俗，通常槨
的裏面是棺，棺的裏面才是墓主人的屍
骨。

↑ 尚完好的扒釘

考古隊員在清理墓底的時候，仔細地注意了一下，沒有發現一點兒棺
木的痕跡，可以肯定地說，它只有槨而無棺。

棺木會不會被盜墓分子破壞了，即便如此，也應該留下蛛絲馬跡。但
是現在沒有一點兒棺木的痕跡。看來正如張慶捷判斷的，這座墓葬與中國
傳統葬俗不同─只有槨而無棺。接下來，考古隊員在石槨東西兩側散亂的
隨葬品中，發現了一些零星的殘缺人骨。這會是誰的骨頭，盜墓者還是墓
主人？

考古隊員對這些人骨架進行了猜測，這些人骨架是盜墓者的呢，還是
墓主人的呢？以往人們曾經在墓中，發現過盜墓者的骨架，但是此處更多
的傾向於它是墓主人的。

墓中為什麼有槨無棺，難道主人下葬時，另有其他的喪葬形式，現在
墓主人的姓名，還有他的族源，成了考古隊員最迫切想知道的問題。

<2> 來自遙遠西域的民族事務官

七月二十五日一扇天窗終於為考古隊敞開。這一天，考古隊將石槨轉移到考古研究所，就在石槨原址的下面，一塊相對完整的墓誌靜靜地放在那裏，它正好與已經出土的墓誌蓋匹配。這方墓誌呈正方形，長寬約為七十三釐米，除了右下角缺失外，還存有六百二十五個字，上面記載的內容，將是揭開墓主人之謎的希望所在。

↑ 石槨原址下的墓誌

根據墓誌記載，墓主人叫虞弘，歷經北齊、北周、隋三朝為官。令人費解的是，按照常理，作為儀同三司（官銜名）的虞弘官位不高，怎麼能享受歐山頂厚葬呢，難道他另有不凡的身分，考古隊員在墓誌中間，發現這樣一段話，大致是說，西元五七九午前後，虞弘曾統領代州、邠州、介州三州的孝薩保府，從字面上理解，檢校薩保府一職，相當於督察，就是負責監督薩保府的工作，那麼薩保府是什麼樣的機構呢？

↑ 石槨原址下的墓誌反面

薩保府是由外國人來擔任的首領，就是入華的中亞人擔任首領，並且專門掌管入華的外國人，或者大體可以理解為管理中亞人事務的一個政府職能部門。

↑ 石槨原址下的墓誌上的「檢校薩保府」字樣

看來，虞弘並非中原人士，而是西域胡人。由於職能特殊，薩保府首領、薩保的身分非同一般。檢校薩保府級別更要高於薩保，因此墓主人虞弘能夠享有歇山頂式的厚葬，也就不足爲怪了。但是薩保一詞，無論從字面還是讀音上看，似乎都不是中原固有的名詞，那麼什麼是薩保呢？

↑ 粟特人俑 1

　　實際上，「薩保」這個詞，是從粟特文翻來的，粟特文叫SRTPW，它的本意是商隊首領的意思，這個職位往往是由一些粟特的商業貴族來擔任的。

　　粟特是中亞古代民族，以善於經商聞名於世，故鄉在阿姆河和錫爾河之間的整個流域，就是今日的烏茲別克斯坦。漢代以來，粟特人順著絲綢之路，大量進入中原，在這裏經商或者僑居，形成一個個聚落，聚落的首領就是薩保，薩保又是怎麼成爲中原政府的官職了呢？

↑ 突厥人俑 2

　　薩保原來是在胡人自治的聚落作爲首領的。到了北朝末年，中國的中央政

↑ 突厥人俑

府，或者地方政府，要逐漸地控制這個聚落，仍然承認它的自治形態，就等於把薩保命名爲中央政府的或者地方官府的一個官員，而這個官員的名字就叫薩保，薩保這個官名大概是中國官制裏面，唯一一個由外國人來擔任的官職，這是很有意思的一件事。

更有趣的是，在中原薩保府工作的人，卻不僅僅是粟特人，還有焉耆人、突厥人等西域胡人。粟特等西域胡人，屬於高加索人種；而突厥人等，則屬於蒙古人種。既然薩保府中，有不同種族的胡人，那麼虞弘到底是什麼種族呢？利用現代科學手段進行人骨鑑定，無疑將得到最好的答案。

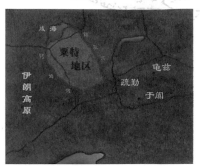

↑ 粟特地區示意圖

韓康信是虞弘墓出土人骨鑑定負責人。墓誌記載，虞弘與夫人合葬在同一個墓室中。韓康信首先鑑定人骨的個體數。

墓葬被盜了，人骨弄得很亂，得一塊一塊地進行鑑定。首先得鑑定究竟是幾個人的，是一個人的還是兩個人的，還是三個人的，經過仔細辨別以後，發現是兩個人的，而且是一男一女，男的年齡大概是五、六十歲，女性可能稍小一點，大體上跟墓誌上記載的年齡差不太多，可以確定是夫妻合葬。

虞弘墓出土人骨，確實是墓主人夫婦，人種鑑定結果如何呢？

虞弘主要保存了額骨的一部分，還有一個小下頜片，兩塊下頜片，以及幾顆牙齒。虞弘夫人的人骨，主要保存了面部，以及後腦殼那一部分，通過這些，很難鑑定他們的種族特徵。

科學家將世界人種分為三大類，而判斷人種最有效的依據，就是人的面顱骨。虞弘夫婦現存人骨中，面顱骨極度殘失，韓康信難以得出虞弘種族的確切結論。不過除了人骨，虞弘墓還出土了豐富的浮雕彩繪，通過分析整理這些圖像，是否可以對虞弘種族的鑑別，提供更多的信息呢？

一般來說，不管是中國傳統的葬俗，還是中亞或者其他外國的葬俗，都有一個特點，就是在石槨上的雕繪，應該是墓主人本民族生活情景的再現，或者是他的民族文化的一種再現。比如說，在北齊東安王婁睿墓的壁畫中，反映的就是婁睿出行的場面，他的儀仗和他在家居生活中的一些場面在亞歷山大的石槨中，反映的也是希臘人戰鬥生活的場面。所以，在虞弘墓石槨中種種圖像所反映的，也應該是同虞弘或其所屬民族有著密切關係的一些生活的場面。

既然隨葬的浮雕彩繪所反映的都是墓主人生前的生活或工作環境，通過分析圖像上的人物，應該可以進一步進行虞弘種族鑒定的研究工作。

讓我們先將注意力集中在浮雕上，它正對漢白玉石槨門，位置居中，畫幅面積最大，人物最多。它描繪的是男女兩位主人，在帳中歡宴，欣賞歌舞的大場面。畫中男主人，手拿酒杯，盤曲一條腿坐在平臺上，目光溫和地凝視對面的女人。他留著波形長髮，頭戴官帽，帽頂有日月形的官飾，這位男主人深目高鼻，鬍鬚從鬢角到唇下，長而濃密，修剪整齊。女主人則面對男主人，曲雙

↑ 石槨槨座上的奇異浮雕 1

↑ 石槨槨座上的奇異浮雕 2

↑ 石槨槨座上的奇異浮雕 3

↑ 石槨槨座上的奇異浮雕 4

腿坐，頭戴花冠，眼簾低垂，陪男主人飲酒。很容易看出，她也是深目高鼻。他們的穿著打扮，都不像中原漢人。他們是現實生活中的人嗎？

這就是墓主人和他的夫人，在漢族傳統墓葬中，也有這樣的事情，往往在正壁中央的一男一女，都是墓主人的「標準像」，對這些問題，中國學者已經做了比較精闢、比較詳細的研究。

如果說，這可能是虞弘夫婦的標準像，那麼，他們會是什麼種族呢？

雖然雕刻比較簡單，是粗線條的，但是它還是有很特殊的一個特點。比如鼻子的結構，是一種鷹嘴形的，就是他的鼻子比較長。有時候中間要突出來，就像鷹嘴一樣，有點鉤狀，這種情況出現得比較多，還有其他的一些特點，比如說皮膚的顏色，有一塊

↑ 虞弘夫婦宴飲圖 1 對飲

↑ 虞弘夫婦宴飲圖 2 虞弘夫人

>>> 天·工·開·物 >>>

【筒車】
　　一種水力機械。唐代已有筒車，從人力提水發展為水力提水。它是由竹或木製成的輪形提水機械。竹筒或木筒在水中注滿水，隨輪轉到上部時，水自動瀉入盛水槽，輸入田裏。水轉筒車的水筒與水輪聯成一體，既是接受水力的驅動構件，又是提水倒水的工作構件，其機構簡明緊湊，設計構思巧妙。

>>> 中·外·名·人 >>>

■隋煬帝
　　（六〇四—六一八）楊廣，隋文帝次子。建東都、開運河，修築長城、巡遊全國、運糧造船等，後引發全國起義。六一八年被宇文化及等縊殺。隋朝亡。

■穆罕默德
　　（Muhammad，約五七〇—六三二）伊斯蘭教創始人，含義為「受到高度讚揚」。六一〇年在麥加宣傳以「安拉」為唯一真神的伊斯蘭教，自稱安拉的使者。六二二年被迫出走麥迪那，建立政教合一的宗教公社。

畫像石用顏色塗的，不是雕刻的。從塗的顏色來看，是一種比較深的顏色，深色的一般就是說，它跟氣候條件、地理環境有些關係。比如說熱帶地區顏色比較深，還有在沙漠地區、乾旱地區顏色也是比較深的。另外，頭髮的形狀也是作為判斷人種的依據，他的頭髮顏色都是黑的，形狀是直形髮，有些波狀，還有就是他的鬍鬚很發達。根據這些特徵推斷，很像是中亞或者是西亞那一帶的人。

對比各人種的面部特徵，韓康信認為，虞弘墓石刻人物，屬於高加索人種，接近印度地中海種群，這一種群主要分布於伊朗高原等地。在薩保府工作的胡人中，高加索人種的粟特人，最接近這一結論。粟特文化，屬於伊朗文化系統，墓中波斯風格顯著，也就不足為奇，難道虞弘是粟特人？

在中國歷史上，我們往往把粟特人、胡人、昭武九姓，甚至雜種胡並稱，但實際上這些名詞指的都是粟特人。比較科學的科呼，學術界管他叫「粟特人」，但是有時候，我們也使用在中國古代比較通用的稱謂，即「昭武九姓」。

在阿姆河流域的綠洲上，粟特人建有九大城邦國家，進入中國後，粟特人以

发形	直形	直和波形	波和直形	直形	直或波形	直和波形
胡须	多	多或中等	多或中等	中等	极多	多
鼻长对下面高之比(%)	80以上	70-80	80-88	70	80-95	长
鼻形	狭	狭	狭	中	狭	狭
鼻背前突(%)	20-55	20-50	20-50	0-6	40-60	约15
鼻背凹陷(%)	3-20	3-15	3-7	40	3-10	无
头形	长-短	短	长-中	中-短	短	长
面形	中-短	阔-狭	狭	中	中	狭
身高(9厘米)	168-175	165-169	162-172	164-169	165-177	187*
分布地区	欧洲西北部	欧洲中部	南欧、北非、阿拉伯半岛、伊拉克、北伊朗、南印度	欧洲东北部	巴尔干半岛高加索、西伊朗	中国山西太原市等地区

⬆ 虞弘墓浮雕人物面部特徵與各人種對比表

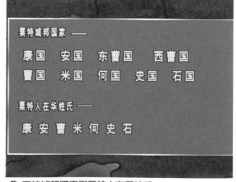

⬆ 粟特城邦國家與粟特人在華姓氏

國為姓,同時為了拉近與中原的關係,他們聲稱自己原本住在河西走廊的昭武城,後來遷徙到粟特地區,這使得中國人對他們另眼相看,友好地稱他們是昭武九姓。中國歷史記載的昭武九姓中,並沒有墓主人虞弘的虞姓,也不能以此推斷虞弘是粟特人,那麼,他到底是什麼種族呢?現在只剩那塊墓誌,或許才能解答這一問題。墓誌寫到虞弘是魚國人,要確定虞弘的族源,必須先了解魚國。可是魚國在哪兒呢?特別令人費解的是,墓誌上共有兩個地方涉及到魚國,而這兩個魚字,卻明顯與其他字跡不同,這又是怎麼回事呢?

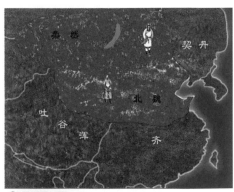

↑ 柔然疆域圖

↑ 墓誌上虞弘是魚國人的記載

墓誌提供給我們關於魚國的信息,最重要的有兩個,虞弘是魚國渭河臨城人。虞弘的祖先曾經「弈業繁昌,派之西域」。這就點明了魚國應該在西域。

但是西域是個很大的泛稱,以往我們把玉門關以西的廣大地區,包括現在新疆的部分地區、中亞地區、西亞地區,甚至通過西亞到達歐洲的地方,都屬於西域。

如此廣袤的區域內,哪裏是魚國呢?學者們首先想到的,當然是查找卷帙浩繁的中國史書。

墓誌裏說,虞弘是魚國人,而且是吃魚的這個魚,然而在各種電子文本的古籍

裏，去查找這個魚國，有沒有這個魚國，但到現在也沒有查到魚國，幾乎可以說，在中國歷史典籍裏，沒記載過魚國。

就在學者們幾乎放棄了在史書中查找魚國時，山西省考古研究所研究員張慶捷竟然在《山海經》和《左傳》中，意外地看到了有關魚國的資料。

↑ 騎駱駝獵獅圖 1 花鳥

他們查遍了南北朝時期的史書都沒有找到，最後在前秦時期的《左傳》和《穆天子傳》中，查到了一個魚國，一個魚字，現在的學者也把它考證為魚國。

這兩個魚國會不會有虞弘的家鄉呢？《左傳》中提到的魚

↑ 騎駱駝獵獅圖 2 花鳥

國，位於現在的四川省奉節縣，《穆天子傳》提到的魚國，相當於現在內蒙古的鄂爾多斯一帶，這和墓誌中所記載的魚國屬於西域這個位置，不相符合，而且在這些地方，都沒有「慰紇城」的具體位置。

看來，《山海經》和《左傳》中的魚國，都不是虞弘的故鄉。那麼魚國在哪兒？墓誌中還提到「魚國領民酋長」，這六個字又能告訴我們什麼呢？

虞弘的祖父擔任過領民酋長，領民酋長是北魏的官職，但只授予少數民族，另外他父親又是柔然的高官，而柔然也是中國邊境上的一個少數民族。所以這個魚國肯定應該在西域某個地方，和少數民族有著密切的聯繫。

⬆ **騎駱駝獵獅圖** 3 花鳥

⬆ **騎駱駝獵獅圖** 4 花鳥

既然如此,我們有必要認識一下歷史上的北魏和柔然。西元四世紀末,匈奴後裔鮮卑拓跋氏建國,史稱北魏,此時同樣是匈奴後裔的柔然,還是一個臣服於北魏的小部落。西元四○二年,逐漸強大起來的柔然,建立汗國。就在北魏東征西討、準備統一中國北部時,柔然在北方匈奴故地,同樣東征西討,並且不時向它的舊主人示威。北魏和柔然爭鬥了一百多年,互有勝負,西域周邊的一些小國和部落,

也就一會兒投奔北魏,一會兒又投奔柔然,其情形與漢王朝同匈奴的對抗,頗為相似。

根據墓誌可以肯定,在虞弘祖父時,投靠北魏,而到虞弘父親的時代,又被迫轉投柔然。

可惜的是,在漢文史書中,就連被柔然征服的西域小國中,也沒有魚國的痕跡。而在西方古希臘、羅馬歷史文獻中,同樣沒有魚國的記載。難道歷史有意跟現

>>> 天・工・開・物 >>>

【機汲】

一種半機械的灌水裝置。據劉禹錫《機汲記》記載,它由畚(竹子做成的水桶)、枭(木椿)、綆(繩子做的索道)、綖(長繩)以及鐵鑄的滑輪等組成,是一種利用架空索道的轆轤汲水機械。起承載作用的架空索道,由置轆轤處一直延伸到水中的樹木椿枭頂端。索道上掛一滑輪。下放水桶時,由於架空索道向下傾斜度很大,具有一定重量的水桶,便能牽引滑輪向下滾動,滑輪停止滾動,水桶就能垂直入水,水桶汲滿後可搖動轆轤,通過長繩把水桶提至所需要的地點。

↑ 騎象獵獅圖 獵獅

代人開玩笑，整整一個國家，連同他的子民，輕輕從歷史的指縫中溜走，一千多年後，它卻又像天外來客一樣，橫在了驚愕的現代人面前。魚國真的在歷史上消失了嗎？

虞弘墓誌上這兩個被改過的魚字背後，隱藏著怎樣的故事呢？虞弘的姓氏是他的本姓呢，還是與歷史上著名的中亞粟特人一樣，將自己國家名稱的漢字諧音，變成自己的姓氏呢？

北京大學考古系教授林梅村，多年來潛心研究絲綢之路考古和中亞消失了的古老語言，他根據掌握的資料，對虞弘的族源和魚國的位置做出了推斷。林梅村認為，虞弘的祖先應該是曾經活躍在甘肅東部至山西北部雜胡之一的步落稽，步落稽源於中亞鐵勒，屬於蒙古人種的突厥人種，善於騎射。步落稽的影像，已經掩埋在歷史中，我們只能從他的近親突厥人的形象上，想見他們的樣子。西元四世紀中葉，步落稽從歐亞草原遷入黃河流域，曾先後依附於柔然和北魏等。這與虞弘墓誌所說基本相符。周書記載，步落稽的墓葬形式，與漢族差別不大，虞弘墓無論是墓葬構成、石槨外形，還是使用了漢文的墓誌等，都說明虞弘的墓葬形式，與中原漢族墓葬極為接近。並且，步落稽是突厥語「魚」的意思，而虞弘的祖國，恰恰是魚國。根據這三點，林梅村認為，虞弘的祖先是步落稽。他還判斷，虞弘的出生地，慰紇城，就在今新疆伊吾縣境

↑ 騎象獵獅圖 獵犬

　　在屯田的基礎上形成。其特點是在低窪區築堤作圩，防洪排水，在高仰處深浚塘浦，引水灌溉。成爲以出海乾河爲綱，「或五里、七里而爲一縱浦，又七里、十里而爲一橫塘」的縱橫管道交錯的水網。網上的每個節點，即所有乾河、支渠、海口以及圩堤之間，都普遍設置了堰閘、斗門，調節水位和流量，以達到旱灌澇洩的目的。

⬆ **虞弘墓浮雕壁畫** 人物的弓上沒有箭

⬆ **虞弘墓浮雕壁畫** 牛獅搏鬥

內，即當時柔然漢國建立的木來城。因爲到虞弘的父親時，魚國已經投奔柔然。中國社科院歷史研究所研究員余泰山，多年來致力於中亞和西亞史的研究，他根據自己掌握的資料，得出了另一種結論。余泰山認爲，虞弘的祖先最早居於西爾河北岸，後來於西元前三世紀中葉，遷往粟特地區的馬薩革太人，這個部落曾經打敗過波斯大帝居流土的入侵。馬薩革泰人源於歷史上知名的賽人（也稱做閃人），與粟特一樣，馬薩革泰人也是高加索人種，屬於伊朗種族。賽人與粟特和波斯的關係，都非常密切。所發現的浮雕，表現的就是他們向波斯朝貢的景象。

　　余泰山的主要依據是虞弘的墓誌。墓誌

■高熲
　　（？—六〇七）隋朝宰相，軍事謀臣。楊堅稱帝，出任首相。隋初制度、律令均出其手。主持軍國大事，籌畫南北統一，爲隋初安邦定國的元勳。

■聖格里高利一世
　　（St. Gregory I，五四〇—六〇四）羅馬大公教會第一任教皇。把古斯丁的教義傳遍西方。曾列出著名的人生七大罪孽—欲望、憤怒、嫉妒、貪食、懶惰、驕傲和貪婪。

有虞弘的祖先曾經「潤光安息，輝臨月支」的記載，說明魚國最早與安息和月氏往來頻繁，這裏的安息指帕提亞波斯。西元前二四七年，當秦始皇正在準備統一中國時，帕提亞波斯建立，月氏就是大月氏王國，西元前一三○年前後建立。安息與月氏都在阿姆河流域，阿姆河北岸則居住著粟特人，那麼在時間和空間上，與這兩個國家都能密切接觸並且不是粟特國家的是魚國。余泰山認爲，最有可能就是馬薩革泰部落了。因爲馬薩革泰部落，正是西元前三世紀中葉遷徙到粟特地區的。

由於馬薩革泰人生活在粟特地區，他們的生活習慣和宗教信仰等方面，都不可避免地帶有粟特的色彩。余泰山認爲，希臘歷史著作中，記載著馬薩革泰人不種任何農作物，以家畜和魚類爲食的生活形態，而馬薩革太，是希臘語「魚」的意思，因此其後人稱其爲魚國，也應該在情理之中。

那麼虞弘的姓氏是怎麼來的呢？林梅村和余泰山的觀點基本一致。林梅村認爲，虞弘的祖先步落稽，遷入黃河流域後，因爲仰慕中原文化而改用漢姓。余泰山認爲，虞弘之所以選擇虞姓，則與中國著名的五帝之一舜帝（舜帝之姓，乃有虞氏）有關，因爲在墓誌中，虞弘自稱是有虞氏舜帝的後人，而舜帝部落同樣以善於捕魚著稱於史。按照余泰山的說法，虞弘的姓氏顯然是經過了愼重的考慮，他希望能把自己塑造成理所當然的華夏子孫，於是決定攀附有虞氏舜帝，成爲他的後人，否則虞弘完全可以參考他的鄰居粟特人，姓自己的「魚」。無論林梅村還是余泰山，都認爲虞弘的先祖是有意識地選擇了自己的姓氏，那麼對墓誌上那兩個改動的魚字，我們不妨大膽做出如下的猜想，虞弘下葬時，家族之間爲了家鄉的名稱，曾引發了一場爭論。

開始大家同意這樣寫墓誌，或許一直以來，這是他們一貫的寫法。因爲他們說自己是虞舜的後代嘛，但臨近下葬時，有的家人卻

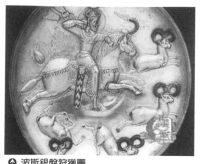

⬆ 波斯銀盤狩獵圖

覺得不妥，畢竟自己的家鄉，是以捕魚爲生的魚國，而不是虞舜的虞國。到底應該堅持自己的本來面目，還是隱去自己眞實的身分，將錯就錯，成了家族爭論的焦點。最後，大家統一意見，是捕魚的魚國。但是墓誌已經刻好，怎麼辦呢？只能鑿去，重刻。當然，這只是我們的一種猜想，對於魚國之謎，截至目前，仍然沒有統一的結論。

魚國在哪兒呢？很多學者都在猜，余泰山先生說他是馬薩革泰人，林梅村先生說是突厥系統的步落稽，羅豐先生說是柔然的別部。最近有一篇論文，是陝西師範大學西北民族研究中心的周偉洲教授發表的，他說虞弘是月氏人，也很有道理，因爲魚和月氏的月，古音是一樣的。馬爾沙克先生是研究粟特的大家了，他來北京大學做講演的時候，他說是一個中亞的小國，沒有記載的，大概在粟特旁邊。現在從總體上來講，還找不到魚國到底是哪個國家的確鑿證據。

雖然魚國的位置有待爭議，但因爲虞弘曾統領粟特聚落事務，所以魚國與粟特的關係一定非常近，並且極有可能同屬伊朗文化系統。

它應該是一個比較小的部落，或者比較小的國家。應該說是跟粟特人也有關係，或者是粟特旁邊的一個小國，或者是曾經統治過粟特的。

⬆ 波斯帝國時期的浮雕

既然虞弘是伊朗文化系統的西域魚國人，那麼他又是怎麼來到中國的呢？

↑ **虞弘墓浮雕壁畫** 犬獅搏鬥

虞弘本來是一個魚國人，當然我們不知道這魚國在哪兒。後來他就跟著父親，在柔然裏面做官，就是在北方游牧民族裏面做官。那一定是能征善戰的一個人，然後他又從十三歲開始，就被柔然派遣出使波斯，出使吐谷渾，就是在今天青海的古代民族。然後出使月氏，就是在今天的阿富汗。他這麼小就開始作為一個使者，跑了今天伊朗高原這麼遠的地方當使者，後來他又出使中國，到北齊被扣留住，北齊跟北周打仗的時候，又被北周俘虜過去，北周滅亡又到了隋朝，這個人的生活經歷，可能在中國歷史上也找不著幾個有這麼複雜生活經歷的人，他的生活經歷本身就是古代中外文化交流的一個縮影。

<3> 胡漢間的文化滲透與融合

從北齊、北周，到隋，歷經三個中原王朝。這個西域胡人的生存處世能力，由此可見一斑。中國政府任命虞弘統管薩保府粟特聚落事務，不但因為他走過波斯，到過月氏，見多識廣，更因為他與粟特人有著相同的文化淵源，而擁有中西兩種文化背景的虞弘，最後選擇太原作為歸宿之所，那時的太原，對於這個傳奇人物來說，又具有怎樣的吸引力呢？

北朝以來的胡人，在太原難以計數。太原古稱晉陽或并州，向西與靈州，就是現在的臨武相通，向南可達長安和洛陽，向北通漠北到突厥，而向東則可到達河北重鎮衡州和幽州，由於天然的地理優勢，太原成了民族融合的大舞臺。

↑ **太原徐顯秀墓東壁** 女主人出行圖

活躍在太原的胡人，會影響中原漢人的生活嗎？有一座墓葬出土於二〇〇二年底，位於太原市王家峰，距離虞弘墓的出土地王郭村僅有五公里。墓主人徐顯秀是一位北齊將軍，他和夫人的畫像同樣位於正對墓門的中間位置。

徐顯秀的穹頂墓室中，全部繪滿了色彩鮮明、線條精緻的壁畫，在威風凜凜的出行儀仗隊中，有一個人最爲引人注目，他鬚髮濃密，眼睛滾圓，與胡人形象相近。而他居然出現在徐顯秀的儀仗隊伍中，成爲中國這位北齊將軍生活的一部分。

在徐顯秀墓室塵土中篩出來的金戒指，指環上龍的形象，當然是中國文化的痕跡，然而戒面上的圖案，卻是西域胡人的樣子。這種戒面上刻畫人物圖像的形式，卻是中亞和波斯的傳統藝術特徵。看來，北朝以來，西域文化特別是西亞和中亞的文化，已經深深地影響了中國人的生活。既然入華西域胡人，在薩保府領導

↑ **太原徐顯秀墓西壁** 男主人出行圖

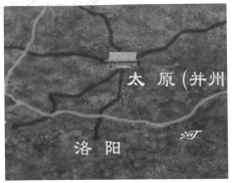

太原周圍地圖

下的聚落中生活，那麼他們具體的生活形態什麼樣，我們是否能夠從經過科學考古發現的虞弘墓上，弄清當時在華西域胡人日常生活的點滴呢？

虞弘墓出土浮雕壁畫共五十四幅，所繪內容，都是宴飲、歌舞、騎射和狩獵。

在虞弘夫婦宴飲圖中，帳前一胡婦人正在表演舞蹈，那是有名的胡騰舞，與胡旋舞一樣，胡騰舞也起源於粟特，不同的是，胡騰舞的舞者多是男子，他們只能在小圓坎上坐橫騰挪不能離席，並且

太原徐顯秀墓北壁　徐顯秀夫婦宴樂圖

還要借助一點
兒酒力。唐詩
中是這樣形容
胡騰舞的：
「跳身轉轂寶
帶鳴，弄腳繽
紛錦靴軟。四
座無言皆瞪
目，橫笛琵琶
遍豆促。亂騰
新毯雪朱毛，
傍拂輕花下紅
燭。」

↑ **虞弘夫婦宴飲圖** 飲酒、樂舞、
伴奏

↑ **虞弘夫婦墓中的射獵場面 1**

從浮雕
上，我們看到
這些胡人在飲酒跳舞時，也與現在一樣，
需要樂隊伴奏。樂隊分列舞者兩側，各有
三人。其中一人彈奏著尾部萬戶的樂器，
那是中亞的民間樂器烏特，中國人稱之為
曲向琵琶。這個人正在彈撥著豎琴樣的樂
器，他是我們熟悉的西域樂器——箜篌。
還有人在吹奏羌笛，有人敲擊腰鼓，有人
吹橫笛和碧笠。

　　圖中無論演奏者還是旁邊觀看的人，
大家都全神貫注。那激昂的胡樂弦音，似
乎穿透了一千多年的光陰，仍舊撩撥著我

>>> 天·工·開·物 >>>

【雕版印刷】

　　將文字圖像反刻在木板或
其他質料的板上，整版加墨印
刷的方法，又稱雕版印刷術。
約西元七世紀產生於中國。一
般工藝是，將木板鋸成一頁書
面大小，水浸月餘，刨光陰
乾，搽上豆油備用。刮平木板
並用木賊草磨光，反貼寫樣，
待乾透，用木賊草磨去寫紙，
使反寫黑字緊貼板面上，即可
開刻。第一步叫發刀，先用平
口刀刻直欄線，隨即刻字。最
後，鋸去版框欄線外多餘的木
板，刨修整齊，叫鋸邊。至此
雕版完工，可以印刷。

>>> 中·外·名·人 >>>

■李密

　　（五八二—六一九）隋末
起義軍領袖。六一六年投翟讓
的瓦崗軍，大敗隋軍。與翟讓
火拼，取得領導權。後為王世
充所敗，降唐李淵。後叛唐，
為唐兵所殺。

■霍斯羅夫二世

　　（Khosrow Ⅱ，五五八—
六二八）波斯薩珊王朝國王，
別名「勝利」。即位後被大臣
巴朗·楚賓篡位。後在拜占庭
皇帝莫里瑟援助下趕走巴朗。
當莫里瑟被暴君福克斯暗殺
後，他向拜占庭宣戰並攻佔其
大量領土。

們的心靈。

虞弘墓石刻的射獵圖象，場面緊張激烈。射獵者騎著駱駝和馬，他們盤弓拉劍，箭已離弦，刺向射獵者身旁的雄獅，獅子張開血盆大口，向捕獵它的人和動物猛撲。

浮雕分別位於虞弘夫婦宴飲圖的兩側。左側圖案，是騎駱駝獵獅圖，畫面正中，一頭高大雄健的單峰駱駝，昂首挺胸，正從左向右急奔，駱駝背上是一個騎士，他的頭髮是突厥人的典型髮式。騎士坐在駝背上，扭身向後，後面有一頭雄

⬆ 虞弘墓石槨後壁正中部 家居宴樂圖和人獅互搏圖線圖

⬆ 虞弘墓石槨

獅張開血盆大口，猛撲過來。騎士全無懼色，引弓待射。弓上一根絲帶翩然向上飄起，給整幅畫面，平添一股浪漫英勇之氣，而駱駝下方又有一頭獅子，鬃毛乍亂，它兇惡地張開大口，咬住駱駝脖子，疼得駱駝昂頭張嘴嘶鳴。

駱駝蹄下，一隻獵犬電射般疾馳而過，向咬住駱駝的獅子撲

去，這樣複雜的狩獵場景是真正的實景，還是加入了作者浪漫奇異的想像呢？即使浮雕上點綴了一些柔弱的花鳥，整個畫面仍舊令人感覺緊張、激烈。相比較而言，右側的圖案，更顯得從容優雅，這是騎象獵獅圖。大象面色平靜，眼光從容，它身材高大，四蹄穩穩抓地，似乎也沒把獅子放在眼裏。大象背上，端坐一位騎士，他左手揮長劍，右手拿長刀，轉身踢向身後的獅子，值得注意的是，他下身的緊身褲外，還有一條肥大的花邊褲腿。

這種寬邊花邊褲，只在波斯的摩崖石刻或者銀盤上見到過。

⬆ 虞弘夫婦墓中的射獵場面 2

⬆ 虞弘夫婦墓中的射獵場面 3

與銀盤上的波斯國王一樣，虞弘墓中這位騎士也有頭光（頭光，即頭頂四周發出四射的光芒，在宗教領域，這是神聖的象徵），這就更增加了畫面的高貴從容之色，連獅子

↥ 石槨壁上狩獵浮雕 1

↥ 石槨壁上狩獵浮雕 2

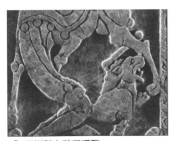

↥ 石槨壁上狩獵浮雕 3

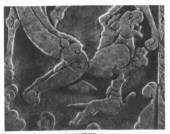

↥ 石槨壁上狩獵浮雕 4

也畏懼這位狩獵者,不得不採取圍攻策略。一隻從後面襲擊,一隻在正面攔截,還有一隻張牙舞爪,從側面攻擊,而獅子的背後,一條小狗也在拼命地追趕著他。中國古老的寓言「螳螂捕蟬、黃雀在後」,在這裏得到了很好的詮釋。

這種獵獅的場面,讓人聯想起波斯帝國時期的浮雕壁畫等藝術品。在這些藝術品中,狩獵者或徒步搏獅,或騎馬獵獅,場面均異常激烈。

虞弘墓浮雕中,除了這些顯著的波斯風格,還有一些是我們很少見過的場面和藝術特色。浮雕中狩獵者的弓上都沒有箭,即使弓弦扯緊,引弦待發,也不見箭,卻總能使人感到,箭在弦上的緊張氣氛,這種表現手法,迄今所見甚少。而這些牛獅搏鬥,犬獅搏鬥,甚至還有駱駝與獅子互相撕咬的場面,即使在中亞或者波斯的藝術品中,也是罕見的,其本身也似乎是超越日常生活的場景。特別是狗在虞弘墓浮雕中,似乎是不可缺少的因素。狗是粟特人崇拜的動物。出現在魚國人虞弘墓中,是說明魚國與粟特有關呢,還是說明魚國的現實生活中,狗確實參與人獅大戰呢?這一點迄今還沒有定論。而像虞弘墓狩獵浮

雕這樣，在表現人與動物搏鬥的同時，還表現動物之間爭鬥的藝術手法，它的源流在哪裏？是不是和虞弘的家鄉、魚國的風俗習慣和文化的傳播有關呢？直至今也仍然是個謎。

更加令人奇怪的是，虞弘墓浮雕中，許多人物都被刻上了頭光。虞弘墓中，刻畫的是虞弘所信仰的神靈世界，而不是凡人的生活？

按道理來講，一般表示神才有頭光，不論在印度還是伊朗系統的文化中，都是這樣講的。可是虞弘墓很奇怪，它有

⬆ **虞弘墓石槨後壁東部** 騎駱駝獵獅圖

些我們看作應該是神的，它沒有頭光，有的看著是普通人的，卻有頭光。研究粟特美術史的大家馬爾沙克先生，認為這是中國工匠造的，因為中國工匠不太了解粟特的制度，或者粟特的圖像的意義，所以有的就加了頭光，有的則沒加頭光。

⬆ **騎駱駝獵獅圖** 駱駝

⬆ **騎駱駝獵獅圖** 獵犬

　　那麼究竟是什麼原因，造成人神不分呢，難道這僅僅是雕刻者不懂得區分文化和民族的問題？

　　從當時太原胡人聚落的背景來講，或者對比同時代其他的考古資料來說，很難說當時的中國工匠能夠造出這樣的一種具有外來風味的圖像，應該是粟特聚落內部的粟特工匠自己製造的。知道，當時像北齊就有從粟特來的畫家曹仲達，一定也有粟特的雕塑家在這一帶生活，他們可以製造這樣的一種圖像。但是哪些人有頭光，爲什麼有些神像沒有頭光，可是世俗人物反倒有了頭光，這確實給我們提出一個謎。之所以出現我們不能完全理解的這個現象，原因是我們對這一組圖像，目前研究得還不夠，還沒有把它透徹地研究清楚。

<4> 胡人胡舞與胡商胡葬

　　既然不清楚虞弘墓圖像中人物的含義，似乎也不能以此推斷虞弘本人的日常生活，那麼當時在華西域胡人的日常生活，究竟是個什麼樣子呢？這同樣難以推想。研究工作再次陷入困境。就在學者們迷惑不解時，二〇〇〇年五月，一個和虞弘墓有著相似文化特徵的古墓，在西安被發現了。

　　安伽墓的墓葬形制，與在咸陽機場發現的其他北周時期大型墓葬基本相同，都是坐北朝南，有斜坡墓道，由五個天井、甬道和墓室構成。安伽墓是一個保存

● 安伽墓的完整墓誌

完整的墓葬，沒有發現被盜的痕跡。

安伽墓出土了一方完好的墓誌，上面寫著墓主人安伽是姑藏昌松人，也就是現在的甘肅武威人，安是九大粟特城邦國家之一，武威是粟特人在中國最大的聚居地之一，這說明安伽就是粟特人。巧合的是，粟特人安伽也曾任陝西同州薩保。西元五七九年，也就是虞弘被任命爲太原等三個地區的檢校薩保府時，安伽死於陝西家中。十四年後，虞弘

↑ 西安安伽墓

也在太原過世。安伽墓還出土了類似床榻的東西，考古人員稱其爲圍屏石榻，圍屏石榻上面布滿了顏色豔麗的浮雕彩繪，它由左右各三塊青石，以及後面六塊青石圍合而成三個側壁，側壁安插在一塊床板上，下面是同樣帶有浮雕的榻腳。令學者們驚喜的是，安伽墓出土的浮雕，中原的藝術特點更加突出，而且明顯能感受到其中的市井氣息。浮雕中人物或正向或側立，或回首相望，笑容可掬。

↑ 安伽墓出土的圍屏石榻

一九九九年、二〇〇〇年，中國先後出土兩個西域胡人墓葬，它們都經過了科學考古發掘，具有明確的紀年，墓主人的身分相近，文化相近，生前生活環境一致，都在薩保府領導的粟特聚落中生活，而且出土文物的內容相輔相成。這一切的巧合，

只意味著一件事，那就
是一千四百多年前，西
域胡人在中國粟特聚落
中的生活畫卷，即將異
常清晰地展露在我們面
前。

　　任職於薩保府的胡
人，不僅僅有粟特人，
同樣在薩保府領導的粟
特聚落中，除了主體粟

↑ **圍屏石榻壁畫** 安伽夫婦宴飲圖

特人以外，也包含其他胡人，像突厥人、焉耆人等，當然也可能會
有其他魚國人。那麼他們在中國的粟特聚落裏，過著怎樣的生活

↑ **安伽墓彩繪石榻左圍屏**

↑ **安伽墓彩繪石榻右圍屏**

呢？安伽墓給我們呈現了這些鮮
活的場景。

　　安伽墓和虞弘墓的圖像，有
一點兒不一樣，虞弘墓有很多神
的色彩，有很多超乎人的想像、
自然的一些場景，比如獅子和那
些駱駝搏鬥的場景，也是超出人
的想像力的。但是，安伽墓給我
們一個完全的粟特聚落裏的生活
信息，在這裏人們可以看到，如
何唱歌跳舞，這是他們最擅長
的。他們也受突厥文化的影響，
在那兒打獵，當然上面也描繪了
他們的本行，就是經商。可以
說，各個方面的生活情景都有。

和虞弘墓一樣，安伽墓圍屏石榻中間，也是一幅男女主人宴飲圖，而且這兩個人，在其他畫面上也出現過。特別是男主人，每個畫面都有，而且裝束一樣。他們應該就是安伽夫婦。安伽頭戴粟特人特有的帽子，身穿圓領窄袖長袍，夫人則盤髮，身穿圓領束胸長裙。《安伽出訪突厥圖》刻畫的環境，山野開闊，是突厥人生活的草原景象。帳篷內，安嘉與突厥首領對飲，帳外的四個隨從，有的戴著突厥皮帽，有的則戴著類似於虞弘墓中人物的波斯官帽，下面的三個人，背著包袱，牽著牲口，顯然是商人模樣，這說明粟特人即使像薩保、安伽那樣，富有政治和外交使命，也沒有忘記他們做生意的本分。

粟特與突厥的關係也很

↑ 安伽出訪突厥圖 1

↑ 安伽出訪突厥圖 2

↑ 安伽出訪突厥圖 3

↑ 安伽墓彩繪石榻右屏左三　夫婦宴飲圖局部

>>> 天・工・開・物 >>>

【趙州橋】
　　世界上現存最早、跨度最大的空腹式單孔圓弧拱石橋。位於中國河北省趙縣，跨交水。隋開皇十五年至大業元年（五九五—六〇五）由匠人李春修建。淨跨37.02米，矢高7.23米，橋面寬九米。拱由二十八券（窄拱）並列組成。大石拱上兩端各建有兩個小拱（淨跨分別為2.85米和3.81米），以減輕橋身自重和增大洩洪面積。由於橋位良好、基底應力適宜，千餘年來雖經多次洪水和地震，橋身基本完好。

密切。在西突厥王廷擔任文書工作的大多是粟特人。他們頻繁的往來，更能從安伽墓上窺見一斑。

安伽墓十二塊浮雕中，就有四塊是他們之間的交往圖，更有七塊是宴飲歌舞圖。這些人，席地而坐，酒具就放在毯子上。為什麼宴飲的場所很少在廳堂裏呢？因為早期粟特聚落建於中國城市周邊，在這些地方粟特人只能建造園林，搭起帳篷，然後在其中盡情唱歌、跳舞，款待來客，圖中人物個個喜氣洋洋，他們中有人演奏，有人跳舞，有人抱著酒瓶站立一旁，顯然是僕人也都看入了迷，而他們跳的舞蹈，也和虞弘墓中人物一樣，是胡騰舞。

⬆ 安伽墓彩繪石圍屏和石榻

在過去什麼是胡騰舞、什麼是胡旋舞，我們搞不太清楚。過去雖然在一些墓葬的圖像中，或者是在瓶子裏，看到過一些胡騰舞的形象，但是沒有安伽、虞弘墓中這麼大的唱歌、跳舞的場景，有唱的，有跳的，有伴奏的，將來的音樂史一定會被改寫。

↑ 安伽墓浮雕 宴飲歌舞圖中的胡騰舞

除了音樂舞蹈，安伽墓浮雕也有兩個狩獵場景，不過一眼看去，就能感到它與虞弘墓的不同。圖中人物全都騎在馬背上，或者追趕野豬，或在追趕羚羊，或在獵鹿，或在打兔子，

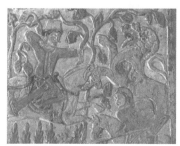
↑ 安伽墓浮雕 狩獵圖

而且周邊刻上花木山石，寫實地交代出狩獵環境。騎射狩獵的特長，不但使他們享樂，還為他們提供了經商以外的又一個職業－從軍。突厥軍隊中，有很多粟特人，唐王朝抗擊契丹等周邊少數民族的主要力量，也是粟特軍。

如今通過這些面孔，我們不但可以觸摸他們的生活，而且安伽墓再次驗證，虞弘墓浮雕，雖然有難以解釋的神秘色彩，但確實也應該是他們生活的藝術化再現。

虞弘墓中的一塊浮雕重新引起了學者的注意，畫面上主要有兩組人物，一組位於畫左上方，一字排開三個人，他們手牽手在跳舞。左右兩個人手

安伽墓浮雕 狩獵圖中的人物

中，又各握著一個葡萄枝，陽臺下方是另一組人物，一人人隱在陽臺之後，只露出半張臉和小半個身子，他看著後面的那個人，後面的人抱著大罐子，微微向前。看他們的樣子，似乎有急切的事情要陳奏。特別是畫幅最上方布滿了葡萄枝葉。這裏表現的是什麼呢？

種植葡萄和釀酒，三個小人兒在一個臺子上，抱著酒罐子好像在跳舞，在羅馬的一幅鑲嵌畫上，有一個幾乎完全一樣的圖像，這是從近東、中東或中亞到中國的一種釀造葡萄酒的形象，非常有意思地反映了中西文化交流的一個場景。

美國波士頓藝術博物館，保存一幅北齊浮雕，它於二十世紀初，被河南安陽農民發現，後來陸續被美國、法國等國家收購。

安陽出土的那套石棺床裏面的浮雕中，可以看到粟特人在庭院中宴飲的情形，後面全是葡萄樹，這是跟史書記載是一樣的。比如說唐朝初年，有粟特人康國大首領康豔典帶人到了羅布泊地區，建立了一個葡萄城，種植葡萄，這是粟特人的特長，而且他們還釀造葡萄酒，史料裏記載說，唐太宗打下高昌，高昌釀造葡萄酒的方法便進入中國，但是這種釀酒的方法，只是在皇宮裏面做，外面不知道，不像今天老百姓到超

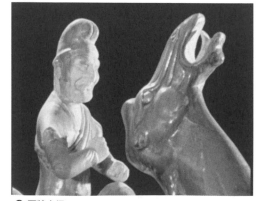

粟特人俑 1

級市場，就可以買到葡萄酒來喝。中國古代很多優秀的東西，是局限在皇家裏面的。但是在粟特的聚落中，人人都能喝到這種好酒。我們在圖像裏面看到他們用這種好酒招待各路來的英雄豪傑。

看來，粟特人不但好酒，更擅於釀酒。埃及人和美索不達米亞人，最初釀造的葡萄酒，傳到那裏時已經過了五千年，粟特聚落內部的葡萄酒，味道一定更加醇厚了。

粟特人東奔西走，外出經商，在遠離家鄉的中國建立聚落，除了宴飲、歌舞、狩獵等豐富多彩的世俗生活，靠什麼維繫他們內部的團結呢？他們又有怎樣的精神信仰呢？

在虞弘墓和安伽墓中，學者們發現兩幅幾乎完全相同的圖像。有一幅位於安伽墓墓門的門楣上方，另一幅位於虞弘墓石槨前壁的正中間，它們的位置特殊，鳥足人首的人物形象，在此之前還沒有出現，這兩幅圖像雕刻的是什麼內容呢？

這是一個典型的祆教圖象。可以說是以火壇為中心，以兩個半人半鳥的神來護衛，這樣一個形式，可以稱做聖火祆神的圖像，表現了祆教徒對於聖火的崇拜。

祆教，對於多數現代中國人來說，是個陌生的概念。偌大的國土上，幾乎沒有任何一處現代設施與此相關。那麼什麼是祆教呢？

它在西元前六、七世紀的時候，就已經開始在伊朗地區盛行了，在阿契美尼王朝和薩珊波斯王朝都奉為國教，因為這兩個王朝在它們盛大的時候，中亞都屬於它們統治的範

↑ 粟特人俑 2

圍，所以這種教同樣在中亞流傳。通過粟特地區的考古發掘，發現了一些祆教的遺址和遺物。

⬆ **虞弘墓石槨座正中浮雕** 祆教圖

中國的祆教基本上是粟特人帶來的。也就是大概從西元三世紀以後，粟特人逐漸進入中國，把他們自己信仰的祆教帶進中國，但是粟特人的祆教，跟波斯本土宗教有一點不同，它特別崇拜一些偶像。這大概是粟特地區，受到了希臘文化的影響，或者受到了印度佛教的影響，供養很多神。這種崇拜多神神像的系統，進入中國，又跟中國原本信仰的佛教，結合起來了。在中國信仰祆教的人，也都特別喜歡拜像。祆教本身經書很少，主要靠口頭傳播。進入中國的祆教，已經比較民俗化了。

在中國粟特聚落內部，已經民俗化的祆教儀式，又會是什麼樣呢？在一個蓮花座上，是由三個駱駝支撐的架子，駱駝上又是一個蓮花座。座上放著一個圓盤，盤內火焰飛揚。駱駝在祆教中，是戰爭和勝利之神的象徵。在祭祀過程中，主持儀式的祭司，必須戴著口罩，爲的是防止人體不潔的氣息，汙染了聖火的純潔。

供桌上擺放著祆教徒認爲可以通神的各種植物，有的用作火壇的燃料，瓶中用來榨汁，以供祆教徒們飲用。而在整幅浮雕的左右下角，分別還有這樣的形象，學者們認爲，這是安伽夫婦拜火圖，

⬆ 虞弘墓石槨前壁右側　騎馬出行圖

然而他們面前的火壇，比起駱駝火壇，或者虞弘墓中的火壇都要小得多，這有什麼特別的意義嗎？

火壇分爲家火、廟火和王火。家火是祆教徒家家都有的，可以說是他們私人的；廟火是作爲一個地區、一個祭祀中心的廟火，在廟裏面有人專門管理；王火是作爲一個國家王朝的象徵。在古代波斯，都有王火的燃燒，象徵著這個王朝的長久。

看來這是薩保安伽在自己家中供奉的火壇，通過這些浮雕我們能夠清晰地感受到這樣一個事實，包括安伽、虞弘在內的祆教徒們，即使來到萬里之遙的中原，仍舊保持了虔誠的宗教信仰。他們生前小心翼翼地祭祀聖火，在自己的家中，在聚落內部的仙祠裏，他們堅信火是光明、春天和公正的使者。

他們對著聖火，頂禮膜拜，口中吟誦著祆教唯一的經典教義——安維斯塔。

即使死後，他們也要將對聖火的崇拜和敬畏，帶入墓中，虔誠的宗教信仰，不但維繫了胡人之間的團結穩定，甚至還在粟特聚落內部，產生了足以影響歷史進程的凝聚力。西元七五五年，久不聞干戈的大唐，遭遇了由粟特人安祿山和史思明發動的安史之亂。

泱泱盛唐氣派，從此竟成歷史煙雲。

安祿山，是中國歷史上最著名的粟特人之一，兵變時官至范陽節度使，霸河北，除了驍勇善戰，機巧好色以外，安祿山最讓人津津樂道的，莫過於他的肥胖與胡旋舞。即使胖到肚子都拖到了膝蓋，走路也要聳肩的時候，安祿山仍然能夠在玄宗面前大跳胡旋，而且旋轉如風，難怪連白居易也要寫詩感歎，他在《胡旋女》的詩中，生動地描寫了胡旋舞的特色：「胡旋女，胡旋女，心應弦，手應鼓。弦鼓一聲雙袖舉，回雪飄轉蓬舞。左旋右傳不知疲，千匝萬周無已時。人間物類無可比，奔車輪緩旋風遲。」這種舞蹈輕盈異常，肥胖的安祿山，卻也能千迴百轉，旋個不停，當時的後宮人人

都能跳胡旋，但跳得最好的卻非楊貴妃和安祿山莫屬。

安祿山能號令別人一起舉兵，其原因複雜，但是有一點不容置疑，兵變中，安祿山倚重的將領和兵士，多數是粟特聚落中的胡人，宗教信仰是安祿山登高一呼、士卒百萬的因素之一。

粟特人早期一定生活在一個粟特聚落當中，粟特聚落一定會有一個祆廟伴隨著這些胡人，有一個信仰中心。

後來學者就發現，安祿山爲什麼把自己叫做祿山，祿山是他告訴漢人的，我名字叫祿山，但是實際上，他就說他出生的神話，是因爲他母親祈禱軋犖山，「神應而生焉」，就是禱神的時候，神有了靈感，生了他，實際上他就把他打扮成「軋犖山神」，也就是「祿山」神，「祿山」是什麼意思，就是粟特文「光明」的意思。他就變成了粟特人的最高神，就是光明之神。祆教是崇拜光明、崇拜日月的，安祿山等於在他的聚落裏，在他手下的這些人的心目中，扮演了光明之神。

靠著宗教的影響，安祿山在粟特聚落中，樹立起極大的威信。安祿山一邊在河北擁兵自重，一邊仍然派出大量粟特人外出經商。

安祿山自比祆神，不過是一時權謀之術，那麼眞正的祆神又是什麼，在中國還有他們的遺跡嗎？

祆教的最高神，是一位端坐在大象身上的阿胡拉馬茲達，而手拿日月的娜娜女神，則是五風神。根據敦煌出土文書的記載，在中國每一個粟特聚落中，都有祆廟，每個祆廟，也都供奉著祆神的畫像或者塑像，如今中國各地的祆廟早已蕩然無

⬆ 安伽墓彩繪木雕門額 祆教祭祀圖細部

存，斯坦因於二十世紀初在和闐發現的一幅木刻畫上，上面的形象，則是中國爲數不多的祆神遺跡了。不過虞弘墓和安伽墓的出土，卻豐富了中國祆教的歷史遺存，除了火壇和半人半鳥的祭祀，安伽墓圍屏石榻榻蓋上和北齊徐顯秀墓室中，墓門正上方，都有吐著舌頭樣子猙獰的怪獸，有專家認爲，它肩上類似翅膀的東西是火焰，那麼它會不會也是祆教的特徵呢？

安伽墓圍屏石榻上的連珠紋圖案，現在有專家考證，也是祆教所特有的，裏面的動物也許象徵著幸運神和保護神，祆教徒認爲，人活著，是幸運神保護他，死時則與保護神合爲一體。既然虞弘和安伽的墓葬，都出現了祆教圖像，那麼祆教徒的喪葬形式，是否和祆教有關呢？讓我們先認識一下粟特本土的喪葬習俗。

粟特人跟中國的喪葬形式完全不一樣，去世以後，專門有處理屍體的人，把他放在一個有圍牆的房子裏頭，屍體讓狗來吃掉，然後有人專門處理，或者有的時候用火燒，或者是把他處理以後，放在一個

甕棺裏頭，這甕棺大概就是七十至八十釐米寬，七十至八十釐米高，屍體就放在甕棺中埋起來，周圍也刻了一些畫。

在中亞出土的粟特人的盛骨甕，上面還刻著火壇和祭司的形象，現藏於日本彌宏博物館的石棺床詳細刻畫了粟特人的喪葬儀式。

圖中間有一個祭師，在撥弄著聖火，前面有幾匹馬馱著屍體正要走。然後有一個狗看著這個馬車，這在祆教喪葬儀式裏面，叫做「犬視」，就是狗要看。然後因為這個看呢，就證明這個人是好人還是壞人，這個人的靈魂，要通過一個篩選之橋，如果是好人，他會遇到一個天使，把他帶到天堂，如果是一個壞人，一個惡神就把他領到地獄裏頭去了。這是表現粟特的喪葬的一個場景。

有幾個人在那兒哭，一邊哭一邊拿刀割面，古書裏說叫「剺面」，這個「剺面」的情景不是粟特本土的，而是受中國北方游牧民族影響，因為北方游牧民族在一個人去世之後，他們有這種習俗。

看來粟特本土葬俗，祆教的色彩非常濃厚，進入中國的祆教徒們，他們的喪葬

習俗也是這樣嗎？我們再來看看安伽和虞弘的墓葬形

↑ 唐代周昉《簪花仕女圖》

式。

　　安伽的骨頭，比較零亂地放置在甬道裏，說明他這個骨頭，在埋葬的時候已經是骨頭，而不是屍體了。有的骨頭上有比較明顯的煙薰火燒的痕跡。在發掘中可以看到，兩層封門磚的磚縫裏邊、石門、石門外的石獅子，包括墓室裏都有比較明顯的火燒的痕跡。

　　用火燒這種形式，很容易讓人想起他們的宗教信仰。不過北朝粟特人安伽已經不再是用盛骨甕草草埋掉了事，而是受了漢人墓葬觀念影響，一種新的墓葬形式。按照漢人的習俗，挖掘墓室，有天井、甬道、墓門等，然後在墓室中舉行祭火儀式，將遺體焚燒，再整理碎骨，放在墓中。

　　十幾年後到了隋代，粟特人的墓葬形式又有了發展，由於虞弘墓的被盜，我們不清楚虞弘的遺體怎樣放置，也難於斷定虞弘夫婦是否經過了火燒，但至少有一點，虞弘至少用了漢白玉石槨保存屍骨。

　　盛唐以後，與中原漢族通婚的胡人，他們的墓葬方式，與漢人基本沒有區別了。

　　雖然隨著時間的推移，入華胡人的喪葬形式，逐步漢化，那麼他們的祆教信仰呢？

　　祆教的傳播，像漫過來的水一樣，隨著粟特人商業的潮流，慢慢地進入中國，然後散漫開來，它是一種比較民族化的、比較通俗化的宗教，這種宗教，很容易跟中國的民間宗教、跟中國的其他宗教結合起來及慢慢地民俗化了，或者中國化了。在晚唐五代時期，有些信仰還是應該劃在祆教的範圍裏頭，但是好像已經很不宗教化了，很民俗化了。到了元代，我們看到很多元曲裏還講到祆神，實際上已經沒有原本祆神的意義了，純粹是借祆神的一些意思講中國的事情，完全不是祆教，基本上看不到祆教的痕跡了。

　　在入華祆教不斷民俗化的過程中，虞弘和安伽的子孫，也漸漸融入到中國民間。而對於他們的本行——經商，我們也只能通過典籍和歷

史文物,去想像他們東奔西走的忙碌身影。

在太原出土的羅馬金幣和波斯銀幣,這些異國貨幣,先後在中國北方城鎮大量出土,而貨幣的主人,多數是粟特聚落中的商人,特別是波斯銀幣,它看上去要比波斯本土的銀幣薄一些,英國牛津大學的漢學家羅森教授認為,這些波斯銀幣,可能並非來自波斯,而是在中國本土鑄造的。羅森

↑ 波斯角杯

教授認為,粟特人與中原王朝和波斯王朝貿易量最大,所以在太原等粟特聚落會集的城市,波斯銀幣與中原貨幣一樣,都是流通貨幣。由於中原市場的繁榮,粟特人從波斯帶來的貨幣,已經不能滿足交易的需求。於是在中原本土鑄造波斯銀幣,可能成了被許可的方式。至於波斯王朝是否認可這種做法,迄今為止,還沒有證據可以說明這個問題。那麼粟特人在中國的貿易量,究竟有多大?以至於要在中國本土生產外國貨幣呢?

吐魯番出土了大量粟特人的商貿文書,其中一篇記載,一個定居中國的康國人和一個從西方來的康國人交易,一次買西方藥材二百零一斤,而買香料竟多達六百五十多斤,他們不但成交量大,商品也異常豐富。從魏晉南北朝開始,粟特人在絲綢之路上不停地奔波,他們從南邊帶來印度的香料,從西邊帶來羅馬的哈巴狗、氈毯、玻璃器和波斯的化妝品,甚至還有埃及的首飾,而獅子、麝香、胡椒、樟腦、大麻等今日我們耳熟能詳的東西,也是最初由粟特人千里迢迢從家鄉帶來的特產。這些商品進入中國,就像粟特人將中國絲綢賣進西

方一樣，被上流社會競相追逐。

相傳楊貴妃一個非常鍾愛的寵物，就是羅馬的哈巴狗。而著名的《簪花仕女圖》中，蜷臥在仕女腳下的，或許也是哈巴狗。

憑藉著豐富的東西方貿易，駝背上的粟特商人，積累了大量財富，他們中的許多人選擇在中國定居，並在此形成聚落，然後充分享受著絲路貿易帶給他們的巨大利潤。他們都定居在中國哪些地方呢？

榮新江：從粟特經過塔里木盆地，然後經河西走廊，到中國北方的主要的城鎮，一直到今天的北京、幽州，都有粟特人的痕跡，甚至他們的聚落。我們可以把這些點連成一條線，這條線基本上是跟中古時代絲綢之路的幹道是符合的，也跟中古時代出土的大量的波斯銀幣、羅馬金幣，以及粟特的金銀器，或者出土的中國的絲織品的地點吻合，由此可以看到，粟特人就是中古時期北方絲綢之路上最活躍的分子。

粟特人以經商爲主，利之所趨，無所不至。中國巨大的市場，當然不容他們忽視。但是他們完全可以掙了錢就走，爲什麼一定要定居於此呢？並且唐以前、魏晉南北朝時，中國正處於群雄割據、社會前所未有的動盪時期。

又是什麼吸引粟特人，置安危於不顧，大量留居中國呢？

大唐高僧玄奘西行取經時，路過粟特地區，他看到的粟特習俗是這樣的：即使家產萬貫，粟特人的生活，仍舊粗劣不堪。可進入中國，還是在比玄奘更早的北朝時期，他們的生活就已經別有一番景致了。

早在我們熟悉的大唐盛世之前，中國文明對西域的吸引，就已經遠遠超出我們的想像。到了唐代，雍容大雅的盛唐氣派，更是讓粟特人的生活，分外精緻。據敦煌寫本記載，粟特商人使婆陀，在長安縣的生活，眞是庭堂樓院，雕樑畫棟，華服美食，家庭僕人衆多，不在中國王侯之下。

第三章 盛唐氣象

　　隋滅亡後，其版圖和國家體制，被隋的武將李淵所繼承。特別巧合的是，推翻隋、建立唐王朝的李淵家族也是武川鎮人。

<1> 繪畫中的盛唐風韻

　　陝西省西安市，唐朝曾經建都於此。

　　在當時，西安是人口超過百萬的世界第一大都市。在臺北故宮博物院裏，收藏著一幅《唐人宮樂圖》，這幅繪畫繪於唐代，是將唐代都城長安的風貌，展現給後人的珍貴文物。

　　畫中描繪了奏樂飲酒的女子們，著各式服裝正在休息。四弦琵琶原是波斯的樂器，由絲綢之路傳入中國。在額頭上，貼上一層薄而輕的「螺鈿」，即類似蚌內壁閃爍光亮的薄膜，這一稱作「花鈿」的化妝方法，也是從波斯傳入的。在當時，這是最新潮的。飲料是葡萄美酒，據傳宮殿北部有一座專爲皇室造酒用的葡萄園。宮廷中洋溢著西域的氣息。

⬆ 臺北故宮博物院收藏的唐代《宮樂圖》

⬆ 北京故宮博物院收藏的舞蹈俑和伎樂女俑

⬆ 唐代各民族瓷人俑

　　北京故宮博物院收藏的舞蹈俑和伎樂女俑則讓我們看到了唐朝流行與民間的大眾文化。宮廷裏的文化，很快傳到長安城內的一般民眾中。當時的長安城中，設有東西二市（即交易市場），西市上到處都是西域的物產。那些扭腰伸臂的舞蹈俑，讓人聯想起西域舞蹈的優美舞姿。唐代詩人李白這樣描寫長安的繁華景象：「五陵年少金市東，銀鞍白馬度春風。落花踏盡遊何處，笑入胡姬酒肆中。」這首詩描寫了風流倜儻的貴族少年們，騎著白馬，擁入西域女子開設的酒店中嬉鬧的情景。

<2> 唐太宗與貞觀之治

　　都城長安的繁華景象，歸功於唐朝第二代皇帝太宗李世民。唐太宗原是隋煬帝的隨從侍衛，隋朝滅亡、唐朝成立後，他顯露出驚人的政治才華，唐朝成立不久，他就殺死兄弟，並強迫父親李淵交出皇位，時年二十八歲。他在位的二十三年，採取了許多有利於維護統一和加強君主專制、中央集權的措施，使當時的社會空前富裕，經濟繁榮，中外交往頻繁，史家稱這段歷史時期為「貞觀之治」，也成為後世君主所嚮往的理想時代。

　　唐太宗之所以被譽為曠世明君，與他善於招收和使用優秀人才，有很大關係。在《十八學士圖》中所描繪的學士們，有不少是隋朝官員，或是隋朝時通過科

⬆ 《十八學士圖》局部

舉考試的中榜者。隋朝時制定的各種律令，以及民族大融合的藍圖，就是通過這些官員的手，傳到了唐代。

據記載，有時大臣們不顧自身的生命安危，力諫皇帝，正是得力於這些敢於直諫的忠臣，才使得唐朝迎來了號稱「長安之春」的繁華景象。唐朝剛剛成立時，與周邊鄰國的關係異常緊張。西北部強大的突厥人察覺到，當時正是入侵唐朝的大好時機。

↑ 新疆吐魯蕃交河古城

↑ 《便橋會盟圖》

新疆維吾爾自治區的吐魯番，曾經是古代絲綢之路的要塞之一。在兩條河流的交匯處，曾有一座綠洲城市——交河古城。唐朝剛剛成立時，在絲綢之路這條聯繫東西的大動脈上，佔舉足輕重地位的是突厥。絲綢之路沿途的大部分綠洲，都處於突厥軍隊的控制之下。突厥在向那些來自波斯和羅馬的沙漠商隊徵稅中，獲取了巨大的利益和財富，突厥趁唐太宗以武力奪取皇位之際，派兵入侵唐朝。

西元六二六年，唐太宗即位，突厥二十萬大軍直逼長安。長達六米的《便橋會盟圖》所描繪的正是當年的情景。

當時唐王朝剛剛結束內亂，無力和這支大軍作戰。

↑ 西藏瓊結縣境內的吐蕃宮殿遺址

↑ 唐太宗李世民畫像

據史書記載，唐太宗接受大臣提議，將希望寄託在外交的交涉上。雙方談判的地點就是長安郊外渭水河畔上的便橋。外交舞臺成為長安的最後一道防線。《舊唐書》記唐太宗與侍從六人，赴便橋巧辯突厥，雙方成功地簽訂了盟約，突厥兵撤，唐王朝贏得了外交上的勝利。就在突厥從西北威逼唐王朝的同時，唐朝的南方又出現了一個新的威脅，這就是吐蕃王國的崛

↑ 三彩塔式罐

起，其強大的軍事力量，直逼唐朝，甚至威脅著絲綢之路的存在。吐蕃興起於青藏高原，在今天的西藏自治區瓊結縣境內一個叫青瓦達孜的地方還有吐蕃宮殿遺址。西元七世紀，在這片神奇的土地上，產生過一位統一吐蕃各部的英雄，他就是歷史上有名的松贊干

↑ 唐代閻立本《步輦圖》

布。西元六二九年，唐太宗即位第三年，松贊干布建立起強盛的吐蕃王國。

唐代畫家閻立本繪製的《步輦圖》，描繪了吐蕃使者進京晉見的場面，時間是西元六三四年。端坐在步輦上的正是太宗皇帝。由唐朝官員引路的吐蕃使者，是吐蕃的宰相祿東贊。這次吐蕃使者入唐，是爲了跟唐朝建立聯姻關係。唐太宗應允了這門親事。史書中記錄了當時唐太宗的話，大意是「蠻族多重視妻子的力量，等她生了孩子就是我的孫子，這樣吐蕃就不會向唐發起進攻了，爲此，我怎麼會吝惜自己的一個女兒呢」。吐蕃使者第一次入唐六四一年正月，文成公主入嫁吐蕃，據說松贊干布曾前往位於黃河源頭的美麗的青海湖邊上，迎接遠道而來的文成公主。

當時爲迎接文成公主而跳的舞蹈，一直傳到今日。民謠對這位將漢族文化傳播

↑ 爲迎接文成公主而跳的舞蹈

【布達拉宮】
　　中國佛教寺院。位於西藏拉薩市西北紅山。七世紀吐蕃松贊干布與唐文成公主聯姻，乃建此宮而居。以後兩次毀於災害兵火。一六四五年五世達賴喇嘛進行擴建，歷時半個世紀始具規模。白宮橫貫兩翼，爲達賴喇嘛生活起居地，有各種殿堂長廊，擺設精美，布置華麗，牆上繪有與佛教有關的繪畫，多出名家之手。該宮已被聯合國教科文組織列爲世界文化遺產。

■唐太宗
　　（五九九—六四九）即李世民，唐代皇帝，李淵次子。六二六年發動玄武門之變，即帝位。次年改元貞觀。在位二十三年，國勢強盛，史稱「貞觀之治」。被西域少數民族尊爲「天可汗」。

■天智天皇
　　（六二六—六七一）日本天皇，大化改新的宣導者。大化改新爲日本向封建主義過渡創造了條件。六七〇年，編制日本最早的全國戶籍《庚午年籍》，成爲國家管理和課稅的依據。

到吐蕃的唐朝公主進行了歌頌。文成公主帶來了五種工藝，打開了吐蕃工藝發展繁榮之門。

西元六三三年，吐蕃王國遷都拉薩。在吐蕃語中，拉薩意味著神之土地。

在拉薩市中心有一座紅山，聳立其上的雄偉宮殿，就是中外聞名的布達拉宮。布達拉為梵文音譯，意為脫離苦海之舟。據考證，布達拉宮在西元七世紀時，曾經是吐蕃王國的王宮。

布達拉宮現存的建築，大都建於清代，柱上裝飾著藏傳佛教的吉祥圖案。布達拉宮頂部伸出的部位，始建於唐朝。被稱作法王洞的房間，供有吐蕃王國的開國之君松贊干布的雕像。他的旁邊，是王妃文成公主像。

文成公主死後，唐朝與吐蕃的和平局面遭到破壞。吐蕃曾一度出兵佔領長安，用漢藏兩種文字書寫的《唐蕃會盟碑》記載的便是雙方在拉薩簽訂的盟約。

唐朝的和平局面，是建立在不懈的外交努力基礎唐王朝進入到史稱的「開元盛世」時代，其版圖也達到歷史上空前的水準。

⬆ 布達拉宮

⬆ 法王洞中供奉的文成公主像

⬆ 唐蕃會盟碑

`<3>` 唐三彩折射出斑斕的歷史

　　唐朝成了連接東西方絲綢之路上的護衛者，除了在個別邊關要塞駐紮軍隊維護治安，唐朝還在每個關所發行通行文牒，對來往的人員、物品，進行統一管理。儘管維持這一切，需要龐大的費用，唐朝還是擔起了這一重擔。往來於絲綢之路上的商隊，將中國的絲綢運向西方，同時他們也從西域帶回金銀器皿，及豐富多彩的西域文化。唐朝進一步推行了隋朝以來的民族融合政策，積極接納各種民族，建立起了各民族融合的龐大帝國。

　　新疆維吾爾自治區的吐魯番，史書所稱的「西域」便自此開始。

　　唐太宗將此地的高昌征服後，便接手西域地區的管理。昔日高昌王國的都城是高昌古城，沙漠商隊穿梭不息地通過這裏，從中我們可以清楚地看到，唐朝所追求的開放政策的蹤影。

　　西元二十世紀初，來此探險的德國探險家是這樣描述這座城市的：城中的所有建築均為宗教建築，這是一座神殿城，城中央遺留著一座佛教寺院。在一堵牆的每一處凹陷中，都擺放著佛像。這裏曾是西域佛教的一

座大據點。這是一座基督教教堂。基
督教在唐代被稱為景教，在長安城裏
也有很多信徒。據記載，基督教傳
教士第一次來到長安時，唐太宗曾
專門派宰相，前往郊外迎候。摩尼
教來源於波斯，在一處摩尼教寺院遺址，
德國探險隊在此發現了滿滿一屋子的經
書。唐朝廣泛地接受了來自不同國家的各
種宗教。

　　由於唐王朝對異國文化採取寬容的態
度，國際間的文化交流日益頻繁。

　　出土於太宗之孫、章懷太子墓中的壁
畫《客使圖》，描繪了從遙遠的國度，不

⬆ 三彩騎馬持排簫俑

遠萬里前
來長安朝貢的使節們。所謂朝貢就
是指處於被唐朝皇帝統治下的小
國，仰慕大唐皇帝的恩德，特地來
長安進獻貢品。唐代時，前來長安
朝貢的使者如雲，由於人數過多，
在排列晉見皇帝的先後順序時，常
有爭吵發生，從圖中可以看出，畫
中左邊的使者來自西方，右邊的使
者則來自朝鮮半島上的古代新羅
國。

　　永泰公主墓中的《宮女圖》，描
繪了出席參加慶典活動的宮女形
象。氣勢宏大的慶典活動，是向國

⬆ 高昌古城

⬆ 高昌古城中的佛教寺院遺址

↑ 高昌古城中的基督教堂遺址

↑ 高昌古城中的摩尼教寺院遺址壁畫

↑ 陝西乾縣章懷太子墓道東壁 客使圖

↑ 陝西乾縣永泰公文墓前室東壁 宮女圖

↑ 圖懿德太子李重潤墓 內侍圖

↑ 懿德太子李重潤墓前室西壁南側 仕女圖

⬆ 陝西乾縣永泰公文墓出土的三彩袒腹胡人俑

內外炫耀唐朝強大國力的機會。

懿德太子墓中的《內侍圖》，是唐朝國家官員們的肖像畫。

隨著隋唐的滅亡，科舉制度也一度停息。唐太宗恢復了這一制度。科舉中榜者中，也有不少外國人，阿倍仲麻侶就是其中的一人，他原是日本的遣隋使，後來考上了科舉，當上了唐朝的高官。

在唐太宗及其家族的墓中，發掘出許多俑，其中有一具印度人的俑，還有黑人的俑。

這些瓷俑栩栩如生，它們彙集到了國際大都市長安，並將長安的風貌傳到了國外。

西元六五一年，波斯帝國滅亡，這時有不少波斯貴族逃離國土來到了長安，他們帶來了當時世界上工藝最高超的金銀器加工匠人，以及醫學、天文學專家。他們帶入的新文化、新技術，爲創建號稱「長安之春」的唐代繁榮氣象，打下了基礎。

故宮博物院中，收藏著表示東西文化相融合的文物。其中有一件白玉飛天佩，玉佩被漢民族視作民族的靈魂，在它的上面刻著飛天的圖案。有人說，中國的飛天，是西方基督教中的天使，與佛教文化相融合的產物。這塊白玉飛天佩，巧妙地將異國宗教與漢文化結合

⬆ 陝西西安東郊唐金鄉縣主墓出土的胡人俑

了起來。
而青釉鳳
頭龍柄
壺，是融
合波斯水
壺造型和
中國陶瓷

⬆ 白玉飛天佩

的傑出作品。壺口有蓋，其形狀是中國傳說
中的鳳凰。裝飾表面的花紋取自西域，其中
有石榴，中間還可以見到西域力士們的舞
姿。在水壺的把手上，點綴著漢族文化的象
徵物—龍。所收藏的唐三彩駱駝，高八十八
釐米，是墓中出土的陪葬品，駝背上是乘裝
交易物品的皮口袋。唐三彩像，最引人注目
之處，莫過於它鮮豔的色彩。

在一千多年前的唐代，精美絢麗的陶
器，作為陪葬品，風靡一時。因為它們以黃

⬆ 青釉鳳頭龍柄壺

綠白三種釉彩為
基本釉色，加上
創始於唐朝，所
以人們習慣稱它
為唐三彩。唐三
彩，有器物，也
有塑像，各類製
品，包羅萬象。

在這些藝術
品中，做得最成

【火藥】

以硝石、硫黃、木炭或其
他可燃物為主要組分，點火後
能速燃或爆炸的混合物。為人
類掌握的第一種爆炸物，是中
國古代的四大發明之一，對於
世界文化的發展曾起重大作
用。現代黑火藥是由中國古代
火藥發展而來。火藥起源於中
國古代的煉丹術，古代化學家
（煉丹家）們利用早在漢朝已
經掌握了的金石藥物硝、硫，
經過長期的煉丹實踐，至遲在
唐憲宗元和三年（八〇八）以
前已經發明了火藥。

【青花瓷】

用鈷料在坯胎上裝飾，施
透明釉，在高溫（1280—1350
℃）中一次燒成，呈青色花紋
的釉下彩瓷器。又稱釉下青花
瓷、釉裏青、青花白瓷、青花
白地。為中國景德鎮傳統名瓷
之一。青花瓷源於唐代河南鞏
縣（今鞏義）的青色花紋瓷
器，元代發展成熟，以景德鎮
浮梁瓷局產品著稱。青花瓷的
問世一改中國陶瓷器裝飾舊
風，用筆繪技法替代了原來的
刻花、劃花、印花技法。青花
瓷的出現成為中國陶瓷史上劃
時代的事件，並作為中國最具
民族特色的瓷器而聞名於世。

功的,是各種馬的形象。馬在唐代,有突出的地位,無論是在戰場上,還是在商業貿易中,無論是貴族的各種活動,還是民間的生產、生活,都離不開馬。因此,馬成為唐代文學藝術創作的重要題材。

⬆ 唐三彩駱駝

三彩馬,大都以靜表現動。雖然站立,卻有奔跑之勢;雖然不鳴,卻讓人似乎聽到嘯嘯之聲,這些造型體現了工匠的智慧和激情。

唐三彩馬的形象和現實生活中的馬,有很大不同。工匠們抓住馬的精神,藝術化地將其表現出來。

⬆ 唐三彩器物

中國歷史博物館研究員李知宴認為,對馬的熱愛體現了唐朝一個時代精神,一個欣欣向上、朝氣蓬勃、勇往直前的一種形象,在馬的身上體現了一種超自然的力量,把它放在最高貴的地位上來塑造它,把它最優美的、最體現精神的部位誇大,用現實生活中的馬,跟唐三彩的馬來比較,它不大一樣,比如它的頭比較小,它的脖子特別粗,胸肌特別發達,臀部都非常圓潤,這些在現在生活中的馬的身上,根本就找不到。這些特徵主要體現了馬的一種精神,一種龍馬精神,這種龍馬精神用內在的勁來發外在的形,所以對馬的形象的塑造,主要是看它像一個馬就是了。

馬的裝扮,也是各式各樣。從它們的裝扮中,可以看出唐代各個社會階層的人們的不同地位,可以看出等級、地位和身分的不同。

李知宴:唐朝是一個等級森嚴的封建社會。在馬的使用上、打扮上,也是有很明顯的等級分明,比如說五花馬、三花馬,前鬃上面戴花的馬,那一般都是帝王、王侯將相才能用的,還有宮廷裏也能用。

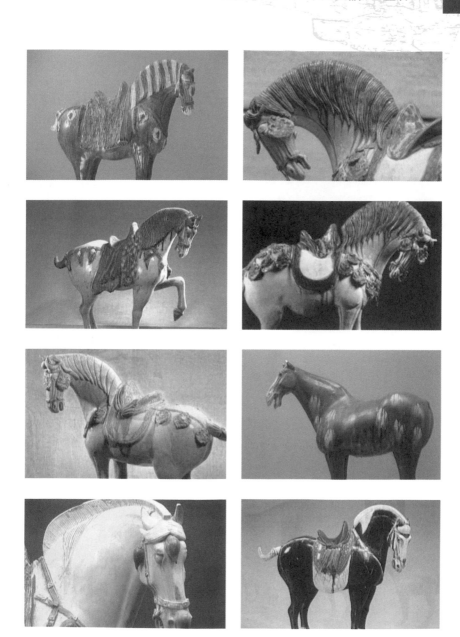

↑ 各種造型的唐三彩馬俑

⊕ 三彩胡人騰空馬

唐代還有很多人與馬相結合的雕塑作品。各種人物造型，如狩獵俑、騎馬俑、馬夫俑等等，它們的姿態神色與馬相互輝映，表現出了人與馬的親密關係。三彩馬中，還有為數不少的胡人牽馬俑和騎馬俑，這反映了唐代社會的開放和對外交往的頻繁。三彩馬，是唐王朝經濟文化繁榮的象徵，是朝氣蓬勃的時代精神的體現，它們生動的造型、飛揚的神彩，展現出唐王朝至高無上、超乎一切的神威。

女俑形象的塑造，是唐三彩人物中最成功的。她們直接取材於唐代宮廷的嬪妃、貴婦、侍女、歌舞伎等活生生的人物形象。工匠們把婦女的等級、身分，與她們相應的體態、儀表、服飾完美地結合起來。

唐朝社會風氣開放，由於廣泛地吸收了周邊國家的優秀服飾風格，所以唐朝婦女的服飾，五彩紛呈。有體現女性美的袒胸服裝，高腰長裙。袒胸服裝，在當時十分流行。不僅脖子全部暴露，而且連胸部也處於半掩半露的狀態，宮中和民間，都以袒胸為美。從三彩女俑可以看

⊕ 三彩陶罐

⬆ 唐三彩駱駝俑

出，唐朝婦女以胖為美，但是卻十分強調人體的曲線，貴婦面部圓潤，體態豐滿，身穿裙腰高至胸部的連衣長裙，貼身的絲質長裙，可以突出地表現出女子的身段。裙子是隋唐時期婦女的主要衣裳之一，它的基本樣式並沒有貴賤之分，在各階層的婦女身上都能看到，體態輕盈的侍女，也身穿高腰長裙。

⬆ 唐三彩騎馬俑

⬆ 唐三彩牽馬俑

還有表

>>> 歷·史·典·故 >>>

【世民其名】

傳說唐太宗李世民四歲時，有一書生見到他後，說他「有龍鳳之姿，天日之表，將來必能濟世安民」。這之後，他的名字就取為「世民」了。

【太宗懷鷂】

唐太宗知人善任，從諫如流。大臣魏徵尤其敢於犯顏苦諫，他曾提出「兼聽則明」、「水能載舟，亦能覆舟」、「居安思危」等說法，深得太宗信任。一日，太宗正在逗玩一隻愛鷂，見魏徵過來，立即把鷂藏於懷中。魏徵奏事時間挺長的，心愛的鷂子竟被太宗悶死在懷中。

【請君入甕】

周興與來俊臣都是武則天使用的酷吏。當武則天下密旨給來俊臣叫他審問周興以除之的時候，兩人正在一起吃飯。來俊臣裝模作樣地問周興，如果有犯人死不認罪怎麼辦。周興當即說：「這好辦！取一個大甕來，架在炭火上燒，不招就讓他進去，看他敢不招！」來俊臣趕緊讓手下人架起了大甕，並在四周燒起大火，然後對周興說：「太后讓我審問周兄謀反之罪，如果不招，請君入甕！」周興當即傻了眼，只得認罪。

↑ 三彩騎馬狩獵俑

↑ 三彩仰頭馬

明婦女突出地位的女著男裝。身穿男裝的女俑，看起來豪放瀟灑，婦女穿男裝，在唐朝是一種時尚，她們家居和外出，都可以穿著這種男裝，這種現象，也反應了唐代婦女追求陽剛之氣的心態。

三彩女俑，體現出了唐代人們追求美的各種形式，在婦女的裝束中，反映最爲明顯的，就是她們的髮髻了，有刀髻、垂簾髻、雙卵髻、鴨髻等。最奇特的是鸚鵡髻，它的形狀很像一隻鸚鵡，現在的人們恐怕也很難用這種

↑ 陝西禮泉唐代鄭仁泰墓出土的單刀半翻髻女立俑

↑ 陝西西安東郊王家墳出土的唐三彩梳妝俑

↑ 陝西長武郭村出土的唐代雙鬟望仙髻女舞俑

髮型來美化自己。三彩女俑，是唐代社會生活的真實寫照，從她們的身上，可以清楚地看出，當時婦女的生活狀態和時尚追求，生動地展現了盛唐社會的時代風貌。

⬆ 陝西西安東郊唐金鄉縣主墓出土的騎馬彈箜篌男裝女俑

有一件唐三彩馬，高七十七釐米，由綠褐白藍四種顏色構成。唐三彩出現於唐朝的鼎盛時期，即西元七世紀後半葉。在此後的一百年當中，其製作非常盛行，但是一百年之後，這種工藝卻神秘地在歷史長河中消失了蹤影，連其存在都不被人知曉，直至西元二十世紀初，由於一次偶然

⬆ 陝西咸陽邊防村唐楊諫臣墓出土的胡服女俑

【燕欽融直諫】
唐中宗時，韋后亂政。一地方官燕欽融上書揭露韋后淫亂的生活及篡權陰謀。唐中宗把他找來當庭對質。燕欽融在一邊慷慨激昂，但韋后的心腹宗楚客卻讓侍衛當場把燕欽融摔在大殿之下，使燕折頸而亡。不久，唐中宗被韋后毒死。

【姚崇滅蝗】
七一六年，山東鬧蝗災，地方官認為蝗蟲是神蟲，不能捕殺。老百姓只能燒香叩頭，請天開恩。宰相姚崇力主滅蝗，並說：「蝗蟲不除，會有大災荒，不能眼看著百姓挨餓而不管，天若降罪，我一人承擔好了。」山東終免大災荒。

【口蜜腹劍】
唐玄宗的大臣李林甫表面上厚道，內心陰險，被時人稱為「口有蜜，腹有劍」的小人。一次唐玄宗想任用一個已被李林甫排擠走了的官員嚴挺之，李林甫答應把嚴挺之找回來，卻對嚴挺之的弟弟說：「皇上關心你哥哥，他該進京朝見，但得找個理由。你就寫個奏章說他生重病請皇上允他回京治病吧！」之後，他就趁機對唐玄宗說，嚴挺之已老病不堪任用，打消了皇上起用嚴挺之的念頭。

■李靖
（五七一—六四九）唐初軍事家，原名李藥師。六二八年率軍出征東突厥，大獲全勝，次年李靖深入陰山，迫使頡利可汗投降，東突厥滅亡。其用兵果敢，對軍事理論也有研究，著有《李衛公兵法》。

■查理·馬特
（Charles Martel，六八八—七四一）法蘭克王國墨洛溫王朝宮相。查理大帝祖父。統一法蘭克王國，成為王國的實際統治者。在法蘭克王國歷史上首次使政治、宗教和教會聯結，為後世歐洲國王和皇帝的榜樣。

的發現，才使它重
見天日。

　　清人羅振玉的
《古明器圖錄》收錄
了一件珍貴的陶瓷
器。這一珍貴的陶
瓷器，被送到北京
的古董街後，引起
了羅振玉的關注，
他把自己發現了世
人從未知曉的珍貴
文物後的激動心
情，記錄在《古明
器圖錄》中。唐三彩
沉睡了一千年後，才
被世人發現。

↑ 陝西西安西郊中堡村唐墓出土的三彩樂

　　唐三彩的獨特色
彩，是在唐代以前的歷
史上逐漸發展、演變過
來的。從漢代陶瓷的製作
工藝上我們可以尋找到唐三彩的
發展脈絡，如漢代的綠釉博山陶
盃、鉛釉陶犬，從中可以看出當
時釉藥的純度還比較低，只能憑
藉加入的金屬，燒出綠色或褐色
的顏色。

↑ 三彩載人駱駝

↑ 唐三彩加藍燈檯

↑ 唐三彩載樂俑駱駝

唐朝在重新開通絲綢之路後不久，瓷器所施的色彩中，又增添了藍色。這種藍色是釉藥中加上金屬鈷後，調製而成的。據考證，唐朝並不出產鈷，鈷是經絲綢之路，由波斯傳入唐朝的。至此，唐三彩的三種色彩，才得以齊備。

唐三彩載樂俑駱駝，是西安市內出土的唐三彩。騎在駱駝背上的是出生於不同民族的男子。漢代時廣泛流行的是綠色與褐色。在這兩種傳統色彩中，又加入了新時代的色彩，這就是南北分裂時，產生於北方游牧民族地區的白色。唐朝重新溝通絲綢之路以後，又增添了由西域波斯傳入的藍色。

唐三彩的色彩，折射出的正是一部南北統一、民族融合、向世界開放的色彩斑斕的歷史。

>>> 天·工·開·物 >>>

【八稜金杯】
　　現收藏於陝西省博物館的八稜金杯，是唐代比較有代表性的作品，一九七○年發掘出土。此杯為國家一級文物，高6.4釐米，侈口八角，圈足。八個面之間以連珠式圖案相分割，分別裝飾有拍板、吹簫、彈奏琵琶等人物浮雕圖案，人物形象高鼻深目，明顯是當時的西域胡人形象。此外，還有忍冬紋、卷草紋，以及山石、飛鳥、蝴蝶等裝飾圖案。這件文物對研究唐代的金屬工藝、造型藝術、文化交流、歌舞音樂以及服裝穿戴等各方面社會現象都有極大幫助。

《千金翼方》
　　中國古代綜合性中醫臨床著作，三十卷。唐代孫思邈撰成於永淳元年（六八二）。作者取「羽翼交飛」之意，藉以與早年巨著《備急千金要方》相輔相成，故名。卷一藥錄要旨，總論採藥時節、藥名、產地及用藥法等；卷二─四本草；卷五─八婦產科病；卷九─十傷寒病；卷十一小兒病；卷十二─十五養生、辟谷、退居、補益；卷十六─十七中風；卷十八─二十雜病；卷二一─二二萬病、飛煉；卷二三─二四瘡癰；卷二五色脈；卷二六─二八針灸；卷二九─三十禁經（祝由科）。書中收載了不少唐以前的醫學論述及方藥，也採錄了一些國外醫學資料。取材廣博，內容豐富。

>>> 中·外·名·人 >>>

■ 郭子儀
　　（六九七─七八一）唐大將。在唐平「安史之亂」中戰功彪炳，深得部下敬服。他以身許國，臨危不懼，身經百戰。歷事玄宗、肅宗、代宗、德宗四朝，對鞏固唐王朝統治起了重要作用。

■ （矮子）丕平
　　（Pepin le Bref，七一四─七六八）法蘭克王國加洛林王朝創立者。查理·馬特之子。七五一年，得教皇之助，篡奪王位。七五六年將義大利中部的一處領土贈與教皇（史稱「丕平獻土」），是為教皇國之始。

↑ 唐三彩女俑的髮髻

↑ 三彩女文俑

↑ 唐三彩女俑的鸚鵡髻

↑ 《古明器圖錄》上關於唐三彩馬俑的記錄

↑ 漢代的綠釉博山陶奩

↑ 三彩駱駝載舞樂俑

第四章 大唐遺風

　　佛教，在西漢末年傳入中國。到了南北朝時期，發展到第一個高潮。唐朝詩人描繪說「南朝四百八十寺，多少樓臺風雨中」。僅建康一地，寺院就多達近千所。同一時期的北魏都城洛陽，寺院更是多達一千三百多座，達到二百萬之多。佛教的興盛，帶動了佛教藝術的發展，山西大同的雲岡石窟與河南洛陽的龍門石窟，就是北魏時開鑿的。尤其是位於伊水北岸的龍門石窟，在北魏後期更是盛極一時。

<1> 龍門石窟與李唐新紀元

　　隨著北魏王朝的滅亡，龍門石窟的開鑿趨於衰落，沉寂了將近一個世紀。直到唐王朝建立，龍門石窟的造像活動，才逐漸復甦。龍門石窟，迎來了歷史上開鑿造像的第二次興盛時期，這一時期開鑿的石窟，按時間先後，大體自南而北，集中在龍門的西山。到了武則天時期，一部分才轉移到了東山，約佔龍門石窟造像的三分之二。

↑ 唐代龍門石窟

↑ 潛溪寺的主尊阿彌陀佛

↑ 潛溪寺

龍門唐代石窟，共有七百個窟龕，最有代表性的洞窟有潛溪寺、萬佛洞、奉先寺大像龕等。唐朝開鑿的第一個洞窟，位於龍門西山北端的潛溪寺，這時正是中國佛教淨土宗的建立時期。潛溪寺共有七尊大像，主尊阿彌陀佛，弟子迦葉與阿難，觀世音菩薩與大勢至菩薩，以及兩位護法天王。阿彌陀佛是佛教中淨土宗的主要信仰對象，是西方極樂世界的教主。潛溪寺的阿彌陀佛，結跏趺坐於方形束腰台座上，身體各部位比例勻稱，面部飽滿餘潤，完全是一位成熟的女性形象。觀世音是阿彌陀佛的左側脅侍菩薩，佛教中把觀世音描繪成救苦救難、大慈大悲的菩薩。到了唐代，因忌諱李世民的名字，去掉「世」字，改稱觀音。阿彌

↑ 潛溪寺的觀世音菩薩

↑ 潛溪寺的西方三聖

↑ 萬佛洞

陀佛與觀世音、大勢至二脅侍菩薩，合稱「西方三聖」。在龍門石窟中，像潛溪寺這樣，以西方三聖為主題的淨土宗造像是很普遍的。

唐代開窟造像，在唐高宗和武則天時期，達到了鼎盛。雖然石窟造像屬於佛教藝術，但它跟政治緊密相連。從龍門許多唐代石刻造像中，可以窺見武則天一步步走上女皇寶座的蹤跡。比如說萬佛洞南北兩壁，比較整齊地刻滿了一萬五千尊小座佛，因此叫萬佛洞。滿壁生輝的萬佛，和洞窟群像的雕刻，相互映襯，使整座洞

窟，洋溢著佛祖那令人敬畏的氛圍。萬佛洞完整的布局，與各人物形象的刻畫，極富有世俗性。宗教的主題，與皇帝即佛的創作意圖結合，在極大程度上，營造了天國主宰即是人間君主的至高無上的氣氛。

在武則天當皇后期間，特別迷信彌勒，因為當年的高僧玄奘曾經說過，天見彌勒佛下生的話，為此她在龍門，廣造彌勒佛，以惠洞為代表的一些中小型洞窟，都是這時建造的以彌勒佛為主尊的洞窟。

龍門石窟成千上萬的造像中，體型最大、形態最美、藝術價值最高的要數奉先寺主尊盧舍那大像龕了。奉先寺位於龍門西山南部的山腰上，是一個南北寬近四十米的露天大龕。這裏有九尊大型雕像，都是依山鑿石而成，正壁造像五尊，中間為盧舍那大佛，左側為弟子迦葉與文殊菩薩，右側為弟子阿難與普賢菩薩。南北兩壁各雕一個天王和一個大力士。盧舍那佛，是釋迦牟尼佛的法身佛的名字，也是對佛真身的尊稱，大佛通高十七米多，僅耳朵就長達1.9米。在佛經中，盧舍那佛是在顯示美德時的一種理想化身。

中國古代的藝術大師們賦予了盧舍那佛女性的形象，面容豐腴飽滿，修眉細長，雙目俯視，嘴巴微翹而又含笑不露，這些都可以看作是理想化的封建社會聖賢

的象徵。奉先寺大盧舍那像龕，是唐高宗及武則天親自經營的皇家開龕造像工程，爲此，武則天曾經於咸亨三年，捐出脂粉錢兩萬貫。當地傳說，盧舍那大佛，是武則天的化身。這九軀大像，或文靜質樸，或飽經滄桑，或雍容華貴，或文或武，性格各

↑ 龍門盧舍那佛像

異，錯落有致，這一切都本著一個主題，烘托大盧舍那佛的至尊至上，從某種意義上講，便是烘托武則天的至尊至上。

唐高宗上元年（西元六七四年）除夕，時值奉先寺竣工之日，武則天親自率領文武朝臣，駕臨龍門，參加主佛盧舍那的開光儀式。

龍門石窟在唐代的造像與北魏比較，有了很大變化。在造像風格上，唐代的佛像，富有更多的人情味和親切感，形體豐滿健壯，雍容華貴，象徵著唐代早期國勢的強盛和經濟的繁榮。在藝術手法上，唐代的圓刀代替了北魏平直的刀法，佛像衣紋更加流動飄逸，立式腋叉，渾身肌肉突起，既符合解剖原理，又適當加以誇張，充滿雄強的氣勢和向外迸發的力量。

龍門石窟開鑿的第二個興盛時期，結束於西元七〇五年前後。這一年，武則天退位，同年去世。人們不再相信天女下世的胡說，龍門石窟的彌勒造像，也就日漸絕跡了。而龍門石窟的輝煌歷史，也伴隨著彌勒神靈的消失，從絢爛的頂峰跌落下來。

<2> 絢麗多姿的唐代藝術

顏眞卿是唐代著名書法家，在中國書法發展史上具有重要地位，他出身於重視儒家禮節的名門世家中，從他的筆墨眞跡中，可以看到其剛直不阿的人品，也可以看到他對唐王朝的忠心。傳世的

↑ 顏真卿像

《劉中使帖》，是顏眞卿憂慮社會混亂，而寫給朋友的信。從字體上可以看出，顏眞卿的筆觸時而明快有力，時而細緻入微，有的部分改變文字大小，運筆自由奔放。他的筆跡不同於以往以王羲之爲代表的有條不紊的秀麗書法，而是筆峰大膽

有力。如果說被譽爲書聖的王羲之的字體，是藏而不露的典雅筆法，那麼顏眞卿的書法則是坦率傾訴內心情感的壯舉。給書法界帶來新風氣的這種字體，是在顏眞卿經歷過的波瀾壯闊人生中誕生的。

　　顏眞卿生活的西元八世紀，唐朝都城長安是一座前所未有的繁榮昌盛的世界性大都市。各國的遣唐使，絡繹不絕地來到這座四周由四十公里城牆環繞的長安。從日本來中國學習唐文化的阿倍仲麻侶也是其中之一。在這一時期，李白、王維、杜甫等人，也在長安吟詩詠詞。此時的唐朝充滿了燦爛的文化。將這燦爛文化推向成熟頂峰的，就是唐玄宗李隆基。

　　唐朝的勤政務本樓今天還保留著遺址，當年的玄宗皇帝就在這座勤政務本樓執政，建立了少有的和平富裕的社會。《鶺鴒頌》是唯一保留至今的玄宗皇帝的眞跡。這件書法作品，被認爲是遵循古禮的格調高雅的行書，玄宗本身也是一位有素養的書法家，《鶺鴒頌》描寫了當時宮廷的情景，某年九月，一千隻鶺鴒飛到宮殿庭院遊玩，過了十天，這些鶺鴒仍不離去，最後終於親近得連在牠們旁邊拍手，也不會逃走了。於是，唐玄宗邀請了五位知心朋友，一起賞玩，在金秋季節，共同度過了愉快的一天。描寫這個情景時，正是唐朝建國一百年左右，也是唐玄宗皇帝建立起燦爛文化的黃金時代。

⬆ 李隆基的《鶺鴒頌》

⬆ 牽駝胡人俑

在玄宗皇帝的堂姐妹永泰公主的陵墓壁畫中，顯示了唐朝宮廷的華麗。據說那些壁畫，眞實地描繪了永泰公主生前的生活情景。女官們身穿華麗的絲綢盛裝，那慈祥富態的面容，令人感到難以形容的溫暖。到了唐代，美女的標準從長臉變成了豐滿的面容。這說明唐朝隨著社會的發展，受到西域的強烈影響，文化相互融合，出現了新的價值觀。

胡人的胡，意味著當時西域和中亞，也泛指西亞的波斯一帶。當時眾多胡人來到長安，帶來了西域的各種特產，胡馬、胡椒、胡桃、胡瓜等。從西域經過絲綢之路，運來了多種多樣的商品，除了商品之外，還帶來了宗教、舞蹈以及歌曲。《舊唐書》中如此記載，貴人均用胡食，欣賞胡曲，男女競穿胡服。當時的都城充滿著胡色，逐漸染上了西域的色彩。

↑ 顏真卿的《劉中使帖》

↑ 李隆基與勤政務本樓遺址

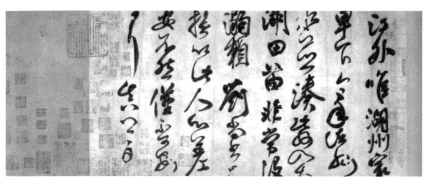

↑ 唐代顏真卿《湖州帖》

↑ 永泰公主陵墓的壁畫

<3> 敦煌壁畫

　　敦煌位於甘肅省西南部，穿過河西走廊的古代絲綢之路，走到這裏，就走到了進入西域的最後一個邊關重鎮。這裏是古代絲綢之路通往西域的起始，也是西域各國商賈進入中原的最後一道關口。敦煌最重要的價值，是那黃沙淹沒不住的敦煌石窟群，這座舉世聞名的古代藝術博物館，記載著古代東西方文明交匯的歷史，記載著中外文化交流所蘊含的創造文明的動力，記載著絲綢之路延續千年的

偉大奇蹟。莫高窟是敦煌石窟群體的代表窟群，它鑿建於今天敦煌市東南二十五公里鳴沙山的斷岩上，自西元三六六年開始，在其後的一千年間，這裏連續開窟造像，鱗次櫛比的佛窟，分布於高十五至三十多米高的斷崖上，形成南北長一千六百八十米的石窟群。現存歷代營建的洞窟，共七百三十五個。莫高窟分爲南北兩區，南區的四百九十二個洞窟，乃禮佛活動的場所。擁有彩塑二千多身，壁畫四萬五千多平方米，墓構窟眼五座，北區的二百四十三個洞窟，乃僧侶修行、居住、瘞埋的場所，但多無彩塑和壁畫。敦煌石窟藝術，是集建築、彩塑、壁畫於一體的綜合藝術。禪窟，顧名思義，是供僧人坐禪修行的。佛窟正面塑像，讓修行者瞻仰膜拜。左右兩邊，各開兩個或四個，僅能容身的斗室，修行者就在這裏坐禪修行。早期的彩塑主體性造像都是身體緊貼牆面的高浮雕，菩薩高髻寶冠，辮髮垂肩，上身祖裸，或者露著一個肩膀，下身就是裝飾著密集衣紋的洋長裙，無論是相貌還是裝束，都帶有明顯的異域風情，但是只要當地的人去模仿、去製作，就必然會將自己的審美理想，和本土文化融合在一起。

到了隋代，彩塑已經完全離開了牆壁，充分發揮了彩塑的主體性、獨立性的

⬆ 莫高窟早期彩塑造像

⬆ 莫高窟隋代彩塑 1

⬆ 莫高窟隋代彩塑 2

特徵。隋代彩塑，有的頭很大，軀體粗壯，腿較短。但隋代後期的大部分彩塑，已經接近標準的中國人的身體比例了。唐代敦煌彩塑的體積規模和數量，空前增多。題材廣度和藝術成就，都超越前代，後世也無法超越。盛唐之風深深地表現在敦煌彩塑藝術中。唐代的菩薩像飽滿豐腴，飾裝飾豐富，充分反映唐代以濃麗豐厚爲美的審美意趣。佛像在數量上、內容上，有了很大發展。群塑已十分普及，布局合理，刻

⬆ 莫高窟唐代菩薩像

畫人物栩栩如生。佛國四大天王、力士和被踩在天王腳下的地鬼們的表情、姿態，塑造得極富戲劇性，唐代藝術匠師以高超的寫實技巧，把人情味、世俗感和生命的意味，熔鑄在佛教天國

⬆ 涅槃像

裏，天國與人間，彼世與此世，似乎只有一步之遙。北大佛像是莫高窟最大的塑像，高34.5米，它的姿容是唐朝鼎盛國力的表現。涅槃像表情安然，全無瀕臨死亡的痛苦和戀世的感覺。從中，我們可以感覺到一種東方才有的內向雋永的含蓄美，一種深遠的境界，已經遠遠地在佛國誕生了。《維摩詰說法圖》，展示出佛教在當時人們心目中的分量，維摩詰端坐正中，平靜地訴說人生的眞諦，周圍聽講者們，是那樣地虔誠，爲佛理所感動。我們如聞其聲，這是敦煌特有的梵音。雖然那五百個強盜作惡

敦煌遠景

敦煌禪窟

敦煌禪窟內部

天·工·開·物

【《四時纂要》】
作者韓鄂，一題作韓諤。書以「四時」(四季) 爲名，是一本月令體農書。按月記載各種天文(星躔)、占候、叢辰、禳鎮、食忌、祭祀、種植、修造(包括釀造、合藥和某些小手工藝製品)、牧養、雜事，最後抄錄一段《月令》中的「愆忒」作結。其中眞正與農業生產有關的是種植和牧養兩項，以及雜事中的幾條。書的內容大多沿襲《齊民要術》等書的舊說，但也增添了一些前代農書所沒有記載過的內容，如，茶、薏薯蕷、蕎麥、棉花、食用菌等的栽培技術，還在農書中首次記載養蜂。

【邢窯】
中國唐代北方規模最大、工藝水準最高的瓷窯。中心窯場在今河北內丘(唐武德五年，劃歸邢州) 城關和臨城縣貫村、祁村、陳劉莊一帶。已發現窯址二十多處。此窯從北朝後期起生產粗厚青瓷。經過隋和初唐，到盛唐時期，生產大量精細白瓷，贏得很高聲譽，陸羽在《茶經》中品評其產品「如銀似雪」。曾爲皇宮生產高檔白瓷，同時也生產厚重白瓷，供市民百姓使用，文獻中說邢窯白瓷「天下無貴賤通之」。邢窯白瓷廣泛銷往海外，在許多國家都有發現。

中·外·名·人

■慧能
禪宗六祖。不主張漸修，而主張頓悟。宣稱佛性及人的本性本是清淨的，只要能覺悟，即可頓時成佛。其言行見《法寶壇經》。

■戒日王
(Rajaputra Siladitya，五九〇—六四七) 意譯喜增王，印度伐彈那國王。六〇六年繼位，勵精圖治，重新統一北印度。曾多次派遣使臣與中國唐朝通好；唐太宗亦多次遣使赴印。玄奘訪印期間曾與他會晤。其主要優點是對宗教的寬容。

↑ 維摩詰說法圖

↑ 強盜聽經圖

↑ 敦煌壁畫中的中國式繪畫筆法

多端，被國王抓起來，挖去眼睛，但是佛祖幫他們復明，他們為此皈依佛門，改邪歸正，佛的力量就是這樣的神奇。

隋唐兩代，是敦煌飛天藝術的極盛時期，從外觀造型到內心情思的表達，都完成了中國化、女性化、世俗化、歌舞化歷程，表現了空靈、歡樂的精神境界和雍容華貴的民族風格。飛天的演變，反映的是中西文化交流的歷史。

敦煌藝術，正是一直積極地接受外來文明，才使自己的生命史，不斷地呈現奇蹟。

在藝術手法上，中國的線條勾勒表現後，又用西方的蘊染法填充顏色，人物表情才這樣生動，並富於質感。壁畫藝術，經過隋代的探索，到了唐代更加嫻熟精湛，畫家使用雄

↑ 敦煌第100窟維摩詰說法圖局部

偉壯觀的宮殿樓閣，絢麗多姿的山水景致，來創造遼闊的境界，中國式的繪畫技法，已得到充分表現。

↑ 莫高窟唐代菩薩像 1

↑ 莫高窟唐代菩薩像 2

敦煌壁畫中的樂舞，是屬於全人類的藝術精品。反彈琵琶的舞姿，引發了舞劇《絲路花雨》的創作靈感，演出後取得名揚海內外的巨大成功。在壁畫中，有音樂題材的洞窟二百多個，不同類型的樂隊有五百多組，各

↑ 敦煌壁畫中的飛天形象

>>> 歷·史·典·故 >>>

【「兒皇帝」石敬瑭】
　　後晉建立者石敬瑭，為了獲得帝位，不惜出賣國土爭取外援，還心甘情願做兒皇帝。四十五歲的他，自稱「兒皇帝」，把小他十一歲的耶律德光稱為「父皇帝」，並將大片土地割給契丹。

【顏杲卿斷舌】
　　顏杲卿，曾任常山太守。安祿山叛亂時，顏杲卿與其從弟平原太守顏真卿聯合起兵切斷安祿山後路，並計殺、活擒安祿山部將多名。後常山被史思明攻破，顏杲卿被抓到安祿山處。因顏杲卿罵不絕口，被安祿山令人割斷舌頭，顏杲卿噴血而死，卻留英名於青史。

【婁師德之容】
　　婁師德為人謙遜，頗有雅量。武則天時代婁師德曾任宰相。他叮囑弟弟要寬容大度地待人。他弟弟說：「若有人把痰吐在我臉上，我自己把它擦乾淨就行了。」婁師德卻對他說：「不行，你不能自己擦。你擦是避開人家的怒氣，你應該使它自己乾了，才能讓人家的怒氣平息。」

>>> 中·外·名·人 >>>

■鑒真
　　（六八八—七六三）唐僧侶。七四三年，六十六歲時到達日本，雙目已失明。他將中國的建築、雕塑、醫藥學等傳到日本。對日本文化的各個方面影響重大而深遠，日本人民稱其為「盲聖」、「日本文化的恩人」等。

■空海
　　（七七四—八三五）即弘法大師，日本留唐高僧，日本佛教真言宗創始人。主持編寫《篆隸萬象名義》，是日本第一部漢字辭書。還創造了平假名。

類樂器四十多種，共四千五百多件。
我們可以數出琵琶、箜篌、羌笛、胡
角、方響等多種樂器來，卻無法聽到
這中西合璧的交響。

⬆ 敦煌壁畫中反彈琵琶的舞姿

　　胡旋舞以表演旋轉為主，而且節
奏很快，白居易說，「左旋右傳不知
疲，千匝萬周無已時」。據記載，唐
代最善於跳胡旋舞的人是安祿山和楊
貴妃，數百人一起演奏齊舞的盛大場
面，是盛唐氣象的體現之一。據說，
當年唐玄宗可以親自指揮三百人的樂
隊演出，而且有一聲錯誤，他立刻可
以覺察糾正。這種大型樂舞表演的場
面，只有憑藉敦煌壁畫所記錄的內
容，一窺豹斑。

⬆ 敦煌壁畫中的樂舞

⬆ 敦煌壁畫中的胡旋舞

`<4>` 泱泱盛唐竟成歷史煙雲

　　唐朝自建國以來，接連不斷地面臨著西域地方勢力的挑戰。在
擁有遼闊國土的玄宗皇帝統治的時代，唐朝為了保持王朝的穩定，
在邊境地區，設置了節度使。節度使是指邊境地區的行政和軍事長
官，不同民族的人被唐王朝任命為節度使，在當時並不是罕見的
事。然而，隨著時間的推移，這些節度使也積蓄了自己的勢力，增
強了軍事力量，這樣就逐漸縮小了都城長安與邊境地區的力量差

異，開始動搖了中央集權國家的基礎。當時在全國派遣了十位節度使，尤其是兼任平盧、范陽、河東三地節度使的安祿山，掌握了唐朝全部兵力的三分之一，積蓄了強大的軍事實力。

↑ 敦煌壁畫中的胡旋舞

唐王朝發布了日落後禁止夜間外出的命令，因此，平民生活的自由，受到了嚴格限制。享受百花齊放文化的僅僅是特權階層的人而已。在長安的官僚貴族們，日夜沉溺於享樂之時，玄宗皇帝也厭倦朝政，放鬆了對地方節度使險惡用心的重視。安祿山趁著唐王朝這種頹廢的局面，開始策劃謀反，一步一步地進行著戰爭的準備。在長期持續的繁榮中，官僚們只顧保身享樂，爭權奪利，因而政治的腐敗達到了相當驚人的程度。

↑ 安祿山與唐朝兵力對比示意圖

↑ 楊玉環與安祿山齊舞胡旋舞的畫面

有一幅圖像刻畫的環境，山野開闊，是突厥人生活的草原景象。《安家初訪突厥圖》表現的也是當時人們的生活情景。虎皮帳篷內，安家與突厥首領對飲，帳外的四個隨從，有的戴著突厥皮帽，有的則戴著類似於虞弘墓中人物的波斯官帽。下面的三個人，背著包袱，牽著牲口，顯然是商人模樣。這說明，粟特人即使像薩寶安家那樣，富有政治和外交使命，也沒有忘記他們做生意的本分。粟特與突厥的關係也很密切。在西突厥王廷擔任文書工作的大都是粟特人，他們頻繁的往來，更能從安家墓上窺見一斑。安家墓

⬆ 安祿山進軍路線示意圖

十二塊浮雕中，就有四塊是他們之間的交往圖，其餘的七塊是宴飲歌舞圖。這些人席地而坐，酒具就放在毯子上。為什麼宴飲的場所，很少在廳堂裏呢？因為早期粟特聚落建於中國城市周邊，在這些地方，粟特人只能建造園林，搭起帳篷，然後在其中盡情唱歌、跳舞，款待來客。圖中人物各個喜氣洋洋，他們中有人演奏，有人跳舞，有人抱著酒瓶站立一旁，僕人也都看入了迷，而他們跳的舞蹈，也和虞弘墓中人物一樣，是胡騰舞。

西元七五五年，久不聞干戈的大唐，遭遇了由粟特人安祿山和史思明發動的安史之亂，泱泱盛唐氣派，從此竟成歷史煙雲。安祿山成為中國歷史上最著名的粟特人之一，兵變時官至范陽節度使，獨霸河北。除了驍勇善戰、譏誚好色以外，安祿山最讓人津津樂道的莫過於他的肥胖與胡旋舞。即使胖到肚子都拖到了膝蓋，走路也要聳肩的時候，安祿山仍然能夠在玄宗面前，大舞胡旋，而且旋轉如風，難怪連白居易也要寫詩讚歎說，後宮人人都能跳胡旋，但跳的最好的卻非楊貴妃和安祿山莫屬。安祿山能號令眾人，一起舉兵原因複雜，但是有一點不容置疑，兵變中，安祿山倚重的將領和兵士，多數是粟特部落中的胡人，宗教信仰是安祿山登高一呼士卒百萬的因素之一。

面對唐王朝內部腐敗的情況，唯有顏真卿一人敢於對抗朝廷的腐敗勢力，直言進諫。對於重視儒家思想的顏真卿來說，如此混亂的秩序，是絕對不能容許的。顏真卿在二十六歲時經過科舉考試考上進士，中進士是當上官員的重要途徑。但是因為他不分地位高低，不斷地諫言忠告，而被一些朝廷大官吏反感疏遠，終生未得到

應有的重用。在安祿山積蓄力量策劃謀反時，顏真卿正在擔任平原城太守，在這裏，顏真卿和安祿山發生了鏖戰。晚秋的一天，安祿山的使者來到了平原城，使者前來的目的是試探顏真卿是否支持安祿山。但是顏真卿立刻看透了使者的意圖，察覺到安祿山不久將會舉兵叛亂。於是，為了麻痺使者，顏真卿日夜設宴，還表演了擅長的書法，並假裝糊塗地說，我是文人，不會持武器作戰。另一方面，顏真卿卻秘密地招募義勇軍，原城建造城牆，做好了戰鬥的準備。

顏真卿當時建造的城牆，依然保留至今。西元七五五年十一月，安祿山終於舉兵謀反，叛軍多達十萬之眾。面對怒濤般進攻而來的安祿山的軍隊，唐王朝的軍隊不知所措，連連敗退，進行頑強抵抗的只有顏真卿和以他為統帥的義勇軍。直到此

⬆ 顏真卿所築的平原城城牆

時，長安方面才意識到事態嚴重，開始焦急。玄宗皇帝歎息道，在河北二十四郡，連一個義士都沒有嗎？同時，玄宗皇帝又感動地說，在這種情況下，顏真卿還為國竭盡忠誠。

安祿山率領的叛軍，迅速奪取了河北一帶，在短短一個月內征服了洛陽。洛陽淪陷，都城長安危在旦夕。當時與平原城的顏真卿一起奮戰的堂兄顏杲卿，截斷了安祿山叛軍的補給線。顏杲卿為了守衛險峻要地娘子關，開始了艱苦的戰鬥。但是這場戰鬥，未能盼來援軍的協助，在叛軍的猛烈攻擊下，顏杲卿最後被俘獲了。被俘的顏杲卿，始終不斷地咒罵安祿山是逆賊，他被拔斷舌頭，砍掉手腳，慘遭殺害。據說他臨死時，毅然決然，臉色絲毫未變。顏真卿在這場戰鬥中，失去了堂兄顏杲卿以及三十名親屬，顏真卿為在戰鬥中死亡的親屬，寫下了很多悼詞。

保留至今的悼詞，只有《祭姪文稿》。這份《祭姪文稿》是為悼念與顏杲卿一起戰死的顏杲卿之子顏季明而寫的。《祭姪文稿》中，按照時間經過，客觀地記錄了顏季明與父親顏杲卿，一起勇敢作戰、壯烈犧牲的情景。但是，談及逆賊的暴行，以及勾起對季明的哀思時，顏真卿的思緒就變得十分紊亂。從劇烈非凡的筆觸中，可以感覺到顏真卿對叛軍的強烈憤怒，和對失去親屬的深切的悲痛。「父陷子死，巢傾卵覆。天不悔禍，誰為荼毒？念爾遘殘，百身何贖，嗚呼哀哉」。

↑ 娘子關

↑ 顏真卿的《祭姪文稿》

在這篇《祭姪文稿》中，記載了兩項內容，一個是對親人的

哀悼，再一個是祈禱唐朝安寧，和顏真卿令人景仰的忠義之心。顏真卿七十六歲的一生，始終剛直不阿，在不斷發生的戰火中，失去了許多親人，他自己也與叛軍戰鬥到生命的最後一刻。顏氏家族的抵抗奮戰未能奏效，安祿山的軍隊步步逼近了長安。此時，唐王朝已無力與安祿山作戰，於是玄宗皇帝逃出了長安。

《明皇幸蜀圖》描繪的便是逃亡到蜀國的玄宗皇帝，太平之世的美夢已經破滅了，此時的玄宗也已七十一歲。離開了統治四十五年之久的長安，踏上了充滿寂寞和屈辱的逃亡之路。唐玄宗在旅途中，遇到了幾個意想不到的悲劇。逃難中最大的悲劇是，保護玄宗一行的衛隊士兵們造反了，士兵們認為，造成這種局面的元兇，是楊貴妃及其家族，於是，強烈要求將楊氏家族滿門抄斬，玄宗雖然是皇帝，但此時已威嚴掃地，無法壓制衛兵們的憤怒情緒，只好讓楊貴妃自縊。

玄宗皇帝逃往蜀國的必經之路，是連野獸也懼而不前的險峻棧道，玄宗一行在翻過高山峻嶺後，終於逃到了四川。入蜀之路，至今依然被陡峭的山巒環繞，李白做詩形容了山路的險峻，「蜀道之難，難於上青天」。三國時劉備、諸葛亮曾走過架設在峭壁上的棧道，如今，玄宗也經由此路，逃到了四川。

玄宗被驅逐出都城，又失去了最心愛的楊貴妃，在失意中，走過了艱險的棧道。然而，這一切的主要起因是沉溺於與楊貴妃的享樂，而未察覺到朝政的腐敗現象所帶來的後果。此後，玄宗將皇帝之位讓給了兒子肅宗，結束了他七十八歲的一生。玄宗皇帝逃往蜀國後不久，安祿山攻下了長安。當時被安祿山逮捕並被幽禁在長安城的杜甫，看到荒涼的都城做了一首詩，「國破山河在，城春草木深。感時花濺淚，恨別鳥驚心」。後來安祿山的叛亂被平息，唐王朝奪回了長安，但是以安祿山之變為界，唐朝的威嚴一落千丈，國力也急劇衰落下來。

↑ 《明皇幸蜀圖》

　　古代中國發展的第二個黃金時代，自唐初以來一百三十年的繁華與安定從此一去不返，緊接著出現的是中央政府威信衰落和藩鎮割據的局面。

　　藩鎮本是唐中央政府為加強邊防，在邊境重地設置的軍鎮，長官叫節度使。節度使權力很大，所轄各州刺史以下官員，節度使都有任免之權，稅收田賦也不向中央繳納而自留為軍費。平定安史之亂時，為調動各地將領的平叛積極性，唐政府設立了更多的藩鎮，但是平叛後卻無力解除。各藩鎮與中央政府貌合神離，節度使權力愈發膨脹，壟斷轄區內的軍政、財政、行政大權，節度使職位

↑ 入蜀棧道

↑ 黃巢攻打長安圖

也往往是父子相承，成爲無名有實的獨立王國。

同時，中央政府內部爭權奪勢的鬥爭不斷，而原本還算穩定的東南地區不斷發生兵變，大唐帝國開始風雨飄搖。

西元八七五年，不堪重負的農民給了大唐帝國致命一擊，人禍天災不斷的河南、山東爆發起義。不久，起義首領黃巢率領軍隊勢如破竹，橫掃大半個中國，並一度攻入長安。

在《黃巢長安入城圖》中，描繪了起義軍與唐王朝對抗的情形，參加起義的人數爲六十萬人。雖然起義最後被鎮壓，但此後唐中央政府名存實亡。

>>> 歷·史·典·故 >>>

【藍超遇白鹿】

唐永泰年間，在福建閩越一帶，叫藍超的樵夫在山林中遇到隻白鹿，他追趕白鹿而去，不覺間渡過了一道水，進入一石門中，越走越開闊，直到看見一處村落：雞犬相聞，一派平安康樂景象。有老人邀請他在此處安身，說他們是爲避秦禍來到此地的。藍超想先回去與家人告別，不想，再也找不到去路。

現在福建崇安縣就有一處小桃源古蹟，據說是藍超當年隨白鹿之引看到的地方。

【狄仁傑招供】

武則天大興告密之風時，狄仁傑被誣告謀反。酷吏周興、來俊臣把狄仁傑打進了監牢，沒等酷吏們刑訊逼供，狄仁傑乖乖招供了，但他寧死也不供出「同謀」。很快，狄仁傑被定了案，對他的防範也不甚嚴密，狄仁傑就偷偷地扯碎被子，用被子布沾著血寫了一封申訴狀，並把它縫進了棉衣裏。然後，狄仁傑對獄吏說：「天氣暖和了，這棉衣讓我家裏人拿回去拆洗吧。」狄仁傑的兒子挺聰明，發現了申訴狀，並轉呈給武則天。武則天爲狄仁傑申了冤，並把他放出來了，她不解地問他爲什麼被冤還招供，狄仁傑說：「要是不招，我早就被他們打死了。」

>>> 中·外·名·人 >>>

■杜甫

（七一二—七七〇）唐詩人。二十歲起遍遊全國，其間結識李白等。開創了「即事名篇」的新樂府。其作品反映了唐朝由盛轉衰的歷史過程，因此被稱爲「詩史」。其現實主義詩作最爲人所傳誦。有《杜工部集》。

■卡德蒙

（Caedmon，六五八—六八〇）被稱爲「英語詩歌之父」。比德曾在《教會史》第四卷歸納過卡德蒙詩歌的主題，是《聖經》故事和基督教教義。其主要的傳世之作是一首只有九行的《聖歌》。

第五章 五代與遼

<1> 五代十國社會生活長卷

　　西元九〇七年，唐朝滅亡，被稱作五代十國的歷史從此開始了。在黃河流域的中原地區，僅短短五十多年的時間裏，就有五個王朝相繼興亡。由於五個國家陸續交替出現，故被稱為「五代」。而在其周圍地區誕生了十多個國家，稱為「十國」。五代十國是唐朝滅亡後在其勢力範圍內出現了小國林立的時代。

　　在唐玄宗曾經逃亡的險要之地—蜀（今成都平原），興起了一個叫做前蜀的小國。

　　五代十國時代只持續了五十多年，然而在這短短的時間裏，各地卻萌發了前所未有的獨特的文化藝術。

　　前蜀第一代皇帝王建的墓。

　　進入深二十三米的墓室，王建被放置在中間巨大台架上的靈柩裏。

　　唐朝末期，王建趁著社會混亂販賣私鹽，積聚了巨額的財富，於是在唐朝滅亡的同時，他當上了前蜀的皇帝。

　　在王建的墓室裏出土了一份哀冊(為古代帝王、皇后葬禮所作的祭文)。

　　在上面刻有王建的成就，王建以四方為家而治之。

　　五代十國時，一些貧民出身的人相繼當上了皇帝。時代發生了巨大變化，貧民出身的皇帝王建，有意抑制華美的唐朝文化，而以建設樸實的社會為目標，那是與色彩鮮明的唐代貴族文化劃清界限的新文化的萌芽。

　　前蜀畫家黃筌所做的《寫生珍禽圖》，圖卷上描繪了日常生活中所見的鳥、龜、蟲等，在黃筌的筆下，這些動物的每一個細小部分都被描繪得栩栩如生。

前蜀時期的繪畫廣泛選用生活中常見的鳥類及其他動物作爲題材，畫風也變爲唐代不曾見過的寫實性的淡雅色彩，在其他各國也出現了代表新文化的飾物。

如「鳥紋執壺」是十國之一的楚國燒製出的瓷器，瓷器在唐代是供貴族社會使用的高級物品，而在楚國將之作爲平民的生活實用品開始製作。

楚國是長江南面的一個繁榮的小國，據說在這條河的沿岸曾排滿了被稱爲長沙窯的窯廠，燒窯的火焰染紅了夜晚的天空。

在窯廠遺址的周圍，至今仍散亂著大量的瓷器碎片，這些都是平民生活用具的陶瓷碎片。

如在長沙窯遺址發現的酒壺，這把酒壺上寫有文字，「富從生，合起貧，從不計，來五文」，這是賣主向人們宣傳酒壺售價低廉的廣告。

這把壺上還書有根據買主的要求而寫的文章，文章裏寄託了生活在這一時代的人們的各種情懷：「男兒大丈夫，何用本鄉居。明月家家有，黃金何處無。」

在唐代一般人很少離開自己的村莊，更不用說前往國外了。到了五代十國，爲發展貿易，人們可以前往遙遠的地方去經商。在這種形式下便出現了以前不曾多見

的男女間的悲歡戀情，這把壺上的詩句表達了這種戀愛的苦惱情懷，「一別行千里，來時未有期。月中三十日，無夜不相思。」長沙窯的壺上留下的眾多文字，生動地反映了當時貧民的生活情景。

在五代十國中，經濟最為發達、文化最為成熟的是在今天南京定都的南唐。南唐在都城建立了藝術學院，培養出了畫家、書法家、詩人等多種人才，南唐在當時是舉國上下都在發展和振興文化藝術的國度。

如創作於當時的《後主觀棋圖》，這幅畫描繪了南唐最後的君主李煜日常生活的一個側面。在南唐三十九年的歷史中，李煜在位期間有十五年，在此期間裏，李煜為培育文化事業傾注了許多心血，他為這一時代湧現出的各種新的文化開闢了廣闊的道路。

《層岩叢樹圖》是被譽為這一時期中國山水畫的代表作品，這幅畫是求學於南唐畫苑巨然的作品。僅通過墨跡的濃淡，便將幽靜的自然風貌描繪得十分細膩。畫中沒有華麗的色彩，沒有任何矯飾，

⊙ 黃筌的《寫生珍禽圖》

↑ 南唐（五代）衛賢《高士圖》

畫風極為簡樸。這種山水畫風格是在李煜創辦的南唐畫苑逐漸得到確立的。

中國著名的風景區黃山在江南民眾之中，是一座神聖、高貴的山，黃山風景令人們魂牽夢縈、心嚮往之。江南的畫家們便以黃山作為第一題材不斷地創作出許多山水畫，山水畫是將浮現在腦海中的情景盡情描繪出來的作品，它將懷念故鄉山河的情感如詩一般地表現出來。

位於黃山南麓的歙縣，是一座很古老的城鎮，唐代詩人李白曾到過的餐館──太白樓，如今已成為珍貴文物而得以保存。相傳，南唐皇帝李煜也曾多次到過太白樓。

自李庭製墨至今已有一千年了，在歙縣城內，李庭的製墨法被後人繼承下來。在一些白色的粉末裏含有珍珠、玉石、麝香等十三種物質成分，通過加入這些成

分，加強了墨的硬度和黏性，更增添了墨的芳香。

墨的原料是用松脂燒成的煤煙子做成。

首先將煤煙子蒸至黏土狀，然後搗上一萬次，使之堅固，再多次用力糅合。

製墨最重要的是在於毅力和體力。製墨工匠年齡從十七歲到四

⊕ 南唐巨然的《層岩叢樹圖》

十五歲不等，這樣的年齡就是體力和毅力最旺盛的年齡。

從松脂燒成的煤煙子到製成一塊墨，足足需要一年的時間。

在中國現在所有的製墨廠中，只有在這裏製作的墨可以刻上李庭的名字。李庭將黃山松爲原料製成的墨被視爲最佳之墨，被譽爲「黃金易得，李墨難求」，極爲珍貴。

歙石長方硯因製作於南唐的歙州，故稱爲歙州硯，歙州硯也是南唐皇帝李煜培養工匠而製成的。

《江行初雪圖》是創作於南唐的山水畫傑作，這幅畫的作者趙幹是李煜創辦的南唐畫苑畫家。

李煜高度評價了趙幹的繪畫風格，並在這幅畫上親自提了字，「江行初雪，畫院學生趙幹狀」，李煜通過題字讚揚了這幅精彩的繪畫。

《江行初雪圖》描繪了長江初雪飄舞，冬天即將來臨之時，平民生活的情景。在寒冷天氣裏，船沿上、斗笠上都薄薄地積了一層細雪，僅穿一件薄衣的漁夫們，似乎在平和的氛圍中從事著勞作。

乾枯硬挺的樹木，是即將來臨的冬天的景致。

趙幹不做任何誇張，如實描繪出這幅江上雪景。在這裏，人們與大自然融爲一體，頑強樂觀地生活。將平民生活作爲繪畫題材也是從南唐時代開始的。

李煜不僅是一位振興文化的君主，同時也是一位傑出的詩人。從李煜所做的詞中可以看出，

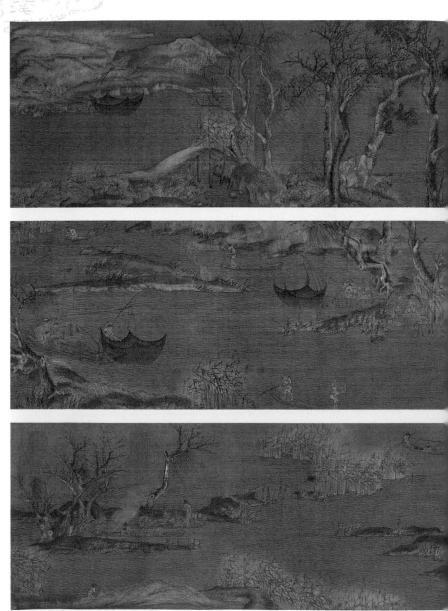

⬆ 南唐趙幹的《江行初雪圖》

他與平民的心情深切相
通：

「尋春須是比春早，看
花莫待花枝老，縹色欲柔
擎，醅浮盞面清。」

史書記載，在南唐的
繁華鬧市中，平民們交杯
換盞，吟詠李煜的詞。

南唐時，人們常常遊
玩到深夜。

《韓熙載夜宴圖》這幅
畫描繪了南唐權臣韓熙載
在家中舉辦宴會的情景。

↑ 南唐（五代）顧閎中《韓熙載夜宴圖》

從宴會開始到結束，按順序描繪了五個場面，應邀參加晚宴的
都是貴族和大臣們。美酒、佳餚、舞女、樂隊環繞，本應是一次熱
鬧、快樂的宴會，然而這幅畫卻有些異樣，畫中人們的表情都顯得
十分憂鬱、消沉。

其實，在舉辦這個宴會時，南唐已處於被北宋吞併的危險之
中，韓熙載也開始受到朝廷的猜疑，而且此事已是人盡皆知。

南唐根本無力與北宋抗衡，在座的每個人都已切身感受到了這

份無奈。

空虛之感浮現在每一個人的表情上。

宰相韓熙載爲了盡可能忘卻這份憂鬱，舉辦了這次宴會，然而，無可奈何的無力感卻越加擴大，韓熙載已無法掩飾這份悲哀。

西元九七五年，北宋終於攻下南唐，將李煜帶到洛陽幽禁起來。

相傳，李煜當時只帶上李庭的墨和歙州硯臺前往。

李煜用自己喜愛的李庭墨和歙州硯寫下了《虞美人》這首詞，表達了被俘的悲哀：

「春花秋月何時了，往事知多少。小樓昨夜又東風，故國不堪回首月明中。」

懷著對故國的無限眷戀和人生的無奈感，在兩年多的幽禁生活後，李煜被毒殺了。

<2> 契丹族與遼帝國的輝煌

就在中原王朝剛進入五代不久的九一六年，居於長城之北的契丹族，也建立了帝國。契丹帝國後改稱遼。北方游牧民族有固定的都城，就是由遼開始。

結合獨特的民族心理，後來較爲繁盛

的遼文化，也呈現出繽紛的景象。

　　在中國，了解契丹的人不多，但楊家將的故事幾乎家喻戶曉。它講述的就是一千多年前，宋朝軍隊在楊家將的率領下和契丹軍隊征戰沙場的故事。早在一千四百多年前，契丹作爲一個北方民族，就已經出現在《魏書》中，他們兵強馬壯，驍勇善戰，有著游牧民族特有的強悍。在唐朝末年，耶律阿保機建立了契丹國，也就是後來的遼王朝。

　　在歷史地圖中可以看到，遼代在最強盛時期曾經雄霸中國半壁江山成爲東亞軍事強國，它的疆域北到外興安嶺貝加爾湖一線，東鄰庫頁島，西跨阿爾泰山，南抵河北、山西北部，其崛起可謂氣勢如虹。

　　在此期間，中原地區通往西方的絲綢之路被斬斷，以至亞歐大陸東西部國家，誤以爲整個中國都在契丹的統治之下，於是契丹成

⬆ 內蒙古豐收遼墓 契丹人持骨朵門吏

⬆ 庫倫七號遼墓 墓主人圖

↑ 庫倫七號遼墓 契丹人物

↑ 葉茂台七號遼墓 騎獵圖

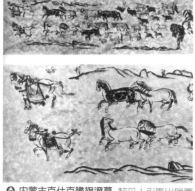

↑ 內蒙古克什克騰旗遼墓 契丹人引馬出獵圖

↑ 內蒙古克什克騰旗遼墓 契丹族草原放牧圖

了全中國的代稱。在斯拉夫語中，這種稱呼一直沿用至今，足見契丹王朝當時的影響。

　　長年征戰之餘，中原地區林立的城鎮和喧嘩的都市給逐水草而居的契丹人不小的震驚，這個大遼帝國曾有過東、西、南、上、中五個京城，遼代的南京是今天的首都北京，而遼代的上京儘管在今天只留下荒草和城牆的廢墟，卻是當時中國北方興建的第一座草原大都市。契丹王朝通

>>> 中·外·名·人 >>>

■ 馮延巳

　　（九〇三—九六〇）南唐宰相，詞人。生活優裕、舒適，其詞多寫閒情逸致辭，文人氣息很濃，對北宋初期的詞人有比較大的影響。有《陽春集》。

■ 穆太奈比

　　（Al Mutanabbi，九一五—九六五）阿拉伯阿巴斯王朝著名詩人。其詩包括各種題旨，但以頌詩、描述詩和格言詩為佳。其詩雄渾勁健，富於哲理。有詩集傳世，共收三百餘首。

過與中原地區的北宋以及周邊地區的交往，博采眾長，相容並蓄，創造出具有民族特色、影響深遠的文化。

在黃河以北的大地上，至今還保存著許多遼代佛寺和佛塔，它們巍峨雄偉，近千年來依然堅固挺拔，令人不得不相信，創造如此輝煌文明的王朝，一定擁有相當的經濟基礎和雄厚的工程力量。

以前，人們對契丹的了解受到了一些局限。雖然契丹王朝在中國北部持續存在了二百多年，直到上個世紀二十年代，內蒙古巴林右旗出土契丹文以後，遠逝的王朝才重新顯現出更加豐富的內容。近年

↑ 解放營子遼墓 契丹人臂鷹圖

來，中國內蒙古地區不斷有遼代墓葬出土，那些精美文物和遺跡，也許能使我們拂去歷史的塵埃，追尋契丹王朝遠去的身影。

在中國內蒙古大草原的

↑ 遼代鹿紋銀馬鐙壺

↑ 宣化張文藻墓 契丹門吏圖之一

東部，流淌著一條古老的河流—西拉木倫河，它蜿蜒東去，哺育著驍勇善戰的契丹人，使這個馬背上的民族，在中國北方開創出一個戰功卓著、文化斐然的時代。

西元十二世紀遼王朝為金所取代，隨著遼國的滅亡，五百多年後，契丹民族也銷聲匿跡了。

半個世紀以來，大量的文物出土，豐富著人們對契丹的想像。在外觀上最能體現契丹游牧民族特色的是那種被稱為「髡髮」的髮式。

髡髮實際上就是把頭髮，比如說有的是把頭頂的頭髮剃掉，四周的頭髮還保存，有的是把四周的頭髮剃掉，頭頂還保存，有的是頭頂沒有，然後四周編起小辮，在契丹墓葬的壁畫當中都可以看到，這種髮式無論是貴族還是貧民都梳。

三叉高冠是王者之冠，它是契丹社會接受西域文化之後出現

↑ 遼代鹿紋銀馬鐙壺

>>> 天·工·開·物 >>>

【《武經總要》】
　　中國宋代官方編修的軍事著作，一萬零四千三百四十卷。宋仁宗趙禎鑒於武備懈弛，將帥「鮮古今之學」，乃命天章閣待制曾公亮和尚書工部侍郎、參知政事丁度等，廣事編撰，費時五年而成。該書廣輯軍事資料，較為完整地記述了北宋前期的軍事制度；尤其注重戰術和技術的結合，介紹兵器、火器、戰船等軍用器具，並在營陣、器械等部分大量附圖，介紹了邊防各路州方位四至、地理沿革、山川河流、道路關隘、軍事要點等；軍事理論和戰例故事結合，既言法又言事與人。這些對於中國軍事學術史和兵器技術史的研究，有較高的參考價值。現有影宋抄本，元、明刊本，四庫全書本，中華書局影印明刊前二十卷本。

>>> 中·外·名·人 >>>

■李成
　　（九一九—九六七）五代畫家，唐宗室。其山水畫繼承荊浩、關仝，變其雄奇為清秀。是北方山水畫成熟期的代表人物。作品有《寒林平野圖》、《嵐煙清曉圖》等。

■小野道風
　　（Tofu Ono，八九四—九六六）日本書法家。以王羲之的書法為基礎，加以圓潤，風格典雅。《屏風土代》、《玉泉帖》和《三體白氏詩卷》。

⬆ **解放營子遼墓** 海青對鳴圖

的一種官服。而華麗的高翅冠是遼代契丹貴族婦女長期流行的冠飾。

琥珀製成的飾物叫做瓔珞，是契丹貴族參加慶典時佩戴的。

骨朵是契丹人特有的器物，遼代戰將使用的雙錘就是誇大了的骨朵。遼國建立之後，骨朵由最早的兵器演變成精美的儀仗用具。在契丹壁畫中經常出現馬匹、獵狗和海冬青的形象。契丹民族狩獵、遷徙、征戰和娛樂都離不開馬。契丹馬具，工藝考究、品質優良。契丹鞍具與北宋端硯、蜀錦、定瓷同列天下第一。

海冬青是一種兇猛的鷹，遼代早期，馴養海冬青是契丹貴族的特權。玉臂鞲就是用來防止鷹爪抓傷手臂的。

皇帝外出漁獵稱為捺缽，「海冬青捕天鵝」是契丹人四季捺缽活動中最有特色的內容。

契丹民族是一個游牧民族，後來生活雖然定居下來了，統治者為了使民族尚武的精神不被遺棄，繼續實行四時捺缽制度。四時捺缽就是分四個季節去打獵，實際上就是一種行營，皇帝去打獵肯定要行營，所以四時捺缽也就成為一種政治活動。

<3> 繁花似錦遼文化

遼代是草原絲綢之路最繁榮的時期，契丹人得到了來自中原和西方的商品，也

⊕ 內蒙古赤峰遼東陵中室東南壁 春圖細部

⊕ 遼東陵中室西南壁 夏圖細部

>>> 天·工·開·物 >>>

【《小兒藥證直訣》】
　　宋代兒科專家錢乙（一○三二—一一一三）著，由其學生閻孝忠收集整理而成。全書共三卷，分別記載了小兒診斷法、兒科常見病和傳染病以及一百二十張方子。它第一次系統地總結了對幼兒的辨證施治法，使兒科自此發展成爲獨立的一門學科。歐洲的兒科最早要到十八、九世紀，相比之下晚了八、九百年。後人視之爲兒科的經典著作，把錢乙尊稱爲「兒科之聖」，「幼科之鼻祖」。

>>> 中·外·名·人 >>>

■貫休
　　（八三二—九一二）五代詩人、畫家。畫承閻立本風格，後自成一家。風格奇古，開創誇張變形風格。傳世作品有《十六羅漢像》，爲宋摹本。

■蘇菲
　　（Al Sufi，九○三—九八六）天文學家。著《恆星星座》，給出四十八星座每顆恆星的位置、星等和顏色，進行星名鑒定，是伊斯蘭觀測天文學的傑作。

117

↑ 遼東陵前室西通廊南壁　契丹官吏像

↑ 遼代漢人張世卿墓後室墓頂　《星象圖》

被兩種文明所浸染，成了自己獨特的民族文化。神秘的契丹文字、精美的金器、玉器和生活用具，表現了契丹民族的文化追求和騎馬打仗之外的生活圖景。

一九二二年六月，在中國內蒙古巴林右旗，一位名叫克爾文的比利時傳教士鑽進一座已被盜掘一空的古墓中，一塊石碑從浮土中顯現出來，碑上刻滿了奇怪的類似文字的符號。從筆劃和形狀上看，這些符號有點兒像漢字，卻又明顯不是漢字，在當時已知的文字中，它們既不是蒙古文字，也不是滿族文字。從結構上看，有些接近中國古代北方民族使用過的西夏文和女眞文。

沒有人能識別這猶如天書的符號，但學術界一致認定它們是中國古代某個北方民族參照漢字創造的文字。據考證，九百多年前的契丹人墓葬，而石碑

↑ 遼東陵前室西壁　漢人官吏像

上無人識別的符號很可能就是契丹文字。

　　根據史書記載，一千年前，契丹人建立遼國後，確實曾經創造過契丹字，分爲契丹大字和小字。

↑ 遼東陵前室北通道東壁　契丹官吏像

↑ 遼東陵中室西通廊北壁　漢人官吏像

契丹文字實際上是它的民族意識覺醒的一種表現。契丹文屬於一種阿勒泰語系，屬於拼音文字，可是契丹大字不好應用，爲什麼呢？雖然它外觀看上去是漢字，可是在讀音上還是拼音，好幾個字才組成一個音綴，非常不方便。契丹大字沒有實行多久就開始發明、創制出契丹小字。

　　契丹文字

顯然受到漢字影響，大部分是由漢字偏旁組合而成，契丹人還根據漢字的書法發明了契丹字書法。

遼金時期，契丹字和漢字並行通用。十二世紀，金朝皇帝下令廢止了契丹字，契丹文字隨著遼國的滅亡和

⬆ 遼東陵中室東北壁　冬圖細部

民族的融合而消亡，逐漸成為不被人們所認識的死文字。

契丹文字實際上是利用漢字的一些筆劃進行增或者減構成的，

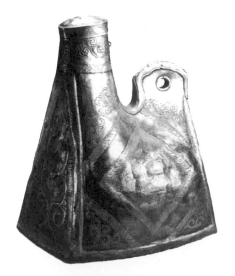

⬆ 遼代黃釉帶蓋雞冠壺

⬆ 遼代三彩釉摩羯形注壺

有的字是增，有的字是減，但是增的少，減的比較多。有的字是既不增也不減，就是用原字，比如像皇帝、大王，還有王后這樣的字都用的是漢字，時候看上去都很熟悉。

⬆ 遼代綠釉菊花紋雞冠壺

到目前為止，人們所能識別的契丹字屈指可數，從已經破譯的契丹文字中也很難找到足以反映契丹全貌的描寫。在印章、幾個簡單的字元，而且，人們還沒有發現任何用契丹文字編寫的書籍。

⬆ 遼代綠釉雕塑龍樑雞冠壺

文字是文明的載體，面對契丹王朝那扇神秘的大門，文字就像打開那扇門的鑰匙，人們寄希望於通過對契丹文字的破解，能夠更多地了解契丹，喚醒她沉睡的歷史。

相比文字，遼代的瓷器

⬆ 張世卿墓後室墓頂《星象圖》說明

則顯得更為鮮活，它是中國古代豐富多彩的瓷器中富有民族特色的一種，這其中也包括低溫釉陶。

在遼瓷之中比較有代表性的種類是遼三彩。遼三彩是在遼中期開始出現的，晚期時數量更多。

遼三彩和唐三彩有著淵源的關係，它是從唐三彩發展而來的，但是又和唐三彩有著一點兒不同，比如遼三彩沒有唐三彩的靛藍色，它只有黃綠白三種顏色，而且遼三彩在上釉之前要先上一條化妝土，三彩當中不多見的。

摩羯是印度神話中象鼻魚身的怪獸，西元四世紀傳入中國，隋唐之後，受中國文化的影響，逐漸演變成龍首魚身的形狀。契丹人對摩羯造型十分喜愛，斑斕的色彩。

遼代瓷器是在傳統契丹民族製陶工藝基礎上，吸收北方系統的瓷器技法燒造成的。其中有北方瓷器的器型，如盤、碗、壺、枕，

⊕ 河北宣化下八里遼代張匡正墓 兒童跳繩圖

也有典型契丹民族特色的器型，如長頸瓶、牛腿壺、雞冠壺。瓷製雞冠壺是遼代契丹人特有的一種飲水用具，因壺口類似雞冠的形狀而得名，它腹部扁圓，最早叫馬鐙壺。雖然人們沒有發現皮製的雞冠壺，但早期雞冠壺仍保留著仿皮繩、皮線裝飾的花紋，甚至還有細密的針腳，完全仿造馬背民族用於攜水的皮囊。

綠釉雞冠壺造型新穎別致，壺體上有塔型蓋，穿孔外側塑有兩隻小猴，裝飾趣味濃厚，展示了遼代瓷器製作者豐富的想像力。

早期的雞冠壺帶孔的比較多，也就是說它是用來穿繩子，掛在馬背或馬鞍上。契丹人的生活逐漸定居下來，特別是在契丹王朝建立以後，雞冠壺也開始發生演變，從有孔的演變成有提樑的，提樑的東西實際上栓的可能性就很小，人們提在手裏或者放置在某一個地方，這種可能性就比較大了，這就表明他們的生活實際上逐漸在發生變化，從游牧逐漸走向了定居。

瓷器是遼代契丹貴族日常生活中使用最多的器皿。在已經出土的遼代文物中，瓷器所佔的比重最大，從瓷器的釉色和胎質觀察，絕大部分遼瓷是在遼國領土內燒造的。由於土質關係，遼瓷的質地從整體上比較粗糙，但是卻有著細膩而多變的造

型。富有濃郁游牧氣息的遼代瓷器，在中國陶瓷發展史中佔有重要地位。

一九八六年六月，在中國內蒙古自治區通遼市一處修建水庫的工地上，人們意外地發現了一座封存完好的大型遼代契丹族墓葬。在溫暖而乾燥的墓室中，靜臥著一對一千多年前的青年男女，他們按照契丹人拜日的風俗頭東腳西。覆蓋在面部的純金面具彷彿在透露著某種神秘的信息。這座規模宏偉，隨葬品眾多的墓葬中，埋葬的是遼代陳國公主和她的駙馬。過去在遼墓中，考古人員曾發現過銅面具和銀面具，而由陳國公主墓出現的純金面具，顯示出了使用者的皇族身分。陳國公主的面具呈現出安詳、端莊的神態，透過面具，人們可以想像生活在九百多年前的公主圓潤而豐滿的面容。駙馬的面具上寬下窄，比較清瘦。

這種面具是先做一個模子，比如人死了以後按照這個人的長相

⬆ 遼代張匡正墓前室東壁 備茶圖

【會圓術】

　　沈括所發明。是一種在已知圓的直徑和弓形的高求弓形的弦與弧長的方法，爲中國古代數學史上第一個求弧長的近似公式。這對球面三角學的發展有著重大意義。

【地磁偏角】

　　沈括最早發現。他在研究指南懸針時，發現針總是偏東，而不指正南。四百年後，哥倫布在大西洋上航行，也發現了這一現象，並觀察到船隻所在位置不同，偏度也有所差異。這就是人類對地磁偏角認識的開端。

【石油】

　　最早由沈括認識。甘肅、陝北等地，古來就有石油出露，流入溪谷。當地人稱之爲「脂水」或「石液」。沈括到延洲時見到這「脂水」，並取來燒煙製墨。他斷言：「此物後必大行於世。」今日果如其言。「石油」之名，就是沈括在其《夢溪筆談》中首先使用的。該書最早提出「石油」這一命名，對石油的開採性能、用途也有具體記述。

⬆ 遼代白釉迦葉像

先做一個模子，拿一個金片在上面錘疊，錘疊以後按照人的五官打製出來的面具，它的上面和網絡鏈著，頭網一直和身網連下來。

與面具一樣，使用網絡也是契丹貴族墓葬獨有的習俗，它用銀絲或銅絲，按人體不同部位分別編成頭臂網、手網、腿網等，再用銀絲銜接起來，編織成衣服形狀。在遼代祖陵的奉陵邑——祖州矗立著一座石室，它由七塊巨大的花崗岩石板構築而成，一塊頂蓋就重達四十多噸，石室內平置著一塊巨型石板，專家推測這座石室的建造是由於契丹人有將侍者屍骨停放多年的習俗，而面具與網絡的形成很可能也是來源於此。

早期的時候，契丹人是沒有墓葬的，人死以後是樹葬，就是把人放在樹上，自然風乾，然後再進行火葬。後來向漢族學習了土葬習俗後，就開始有了墓葬，可是他們還保留了以前要把屍體放置一

⬆ **遼代張匡正墓前室西壁** 散樂圖

段時間的習慣，用網絡把屍體包裹起來，這樣一來哪怕最細小的骨頭都丟不掉，比如在網絡裏面的手網是那麼細，很小的骨頭都不會丟掉。為什麼要用金面具呢？這很可能是他們認為祖先是很神聖的，戴上金面具以後實際上就美化了祖先。

許多古代民族都曾經使用面具作為墓葬的裝飾，在中國，面具覆面的習俗在商周時期就已經出現，到漢代還有包裹全身的金縷玉衣。但使用有浮雕效果的金屬面具，再配以銀絲的網絡，則是已消失了的契丹民族特有的習俗。

在山西省大同市的華嚴寺內，珍藏著一批遼代的泥塑佛像，它就是薄迦教藏殿陳列了九百多年的三十一尊遼代泥塑，也是至今在中國可以見到的最早、最大的一組泥塑佛像。泥塑以中央三世佛為中心，其餘弟子、菩薩、供養童子坐立其間，排列在主佛的兩側，形成了三組佛像，場面蔚為壯觀。

薄迦教藏殿雕塑的特點就在於，它在雕塑發展的過程中是緊接著唐文化的傳統而來，由於有了唐朝很高的藝術水準，遼代時期把唐朝的佛教造像藝術的傳統又傳承下來，結合這個時代特有的一些追求，比如今天我們所能看到的遼塑，它的身軀一般相對來說比較修長，它的動態不像唐代那麼含蓄，稍微誇張一點，顯得雕像本身更加生動。另一個特點是，在塑像的細部上是很細膩的，比如對菩薩佛五官的塑造，在某些精神上反映了遼這個草原民族，在建立遼王朝以後，一種獨特的民族氣象。

在遼歷代皇帝的大力提倡下，佛教非常盛行。不但僧人眾多，而且各地廣建寺廟，為泥塑藝術提供了廣闊的創作空間。華嚴寺內的泥塑就是那個時代問世的作品。

大殿內的泥塑佛像各個神態嫺靜，許多佛像還展示著秀麗多變的身材，生動傳神。四大菩薩端坐在「生靈座」上，其餘弟子赤足站立一旁，充滿動感，表情豐富。它們和三世佛都是以彩繪貼金，

雖經千年滄桑，色彩依然飽滿富麗。

由於大同是遼的西京，是一個重要的文化傳播地，又是華嚴宗在這個時期比較流行的一個地區，所以大同的遼代塑像以薄迦教藏殿作為代表，大概代表了遼這個時期佛教雕塑上的水準。從泥塑角度來看，它是保存下來時間最早，也是藝術水準最高的，對於我們研究遼金時期的文化是一個不可多得的材料。

來自草原的契丹人，主動吸收中原地區優秀文化，創造出價值極高的藝術珍品，它是中國古典藝術寶庫中的一朵奇葩，是中華民族共同的文化遺產。

第六章 汴京夢華

　　一定時期的藝術是一定時期社會的產物，而藝術珍品雖斑斕多姿，文人墨客雖光耀千秋，卻無法改變歷史的變遷。沉寂的歷史煙雲下，我們看到這種矛盾，找到種種生動的印象，北宋，正是這樣一個淒美的例證，汴梁春夢一日醒，物質的極大繁榮，藝術的精美絕倫，與國家的命運形成對照，令人唏噓不已。

　　西元907年， 唐朝滅亡。此後，中國歷史進入了被稱為「五代十國」的群雄割據時代。五代十國時期，唯一英明的君主，是後周第二位皇帝柴榮，他繼位後，開始準備全國的統一工作，向南進攻南唐，把後周的南部疆域由淮河推進到長江一線。向北攻擊遼國，打算收回燕雲十六州，行動進行得很順利，但就在這時柴榮病逝。繼位的七歲小皇帝無力控制局勢，時任殿前都點檢的趙匡胤兵變，「黃袍加身」，西元九六〇年，建立了宋朝，史稱北宋。隨後，宋太祖趙匡胤和他的弟弟宋太宗趙光義花了近二十年時間，最終結束了五代十國的分裂局面，推進了中國文化的完全成熟，由此走到一個極致。

<1> 繪畫中的熱鬧繁華

　　西元九六〇年，北宋王朝建立後，定都於黃河岸邊的汴梁，即今河南省開封市。開封市市中心保留著北宋時代的宮殿遺址，北宋歷代皇帝在這裏過著豪華的宮廷生活。開封曾多次遭受黃河氾濫之災，北宋時代的都城如今已被掩埋在地

◆ 後周第二位皇帝柴榮

下，一九七一年，在開封市地下建造深五米，長十五公里的防空洞時，在地下發現了古城牆，已判明爲明代的城牆，北宋時代的都城被掩埋在明城牆之下七米的深處。今天開封市部分復原了北宋時代都城的風貌，一些古色古香的街巷都是按照當時的面貌恢復的。

⬆ 臺北故宮博物院藏《宋太祖像》

宋代畫家張擇端，描繪北宋時代都城的珍貴繪畫流傳至今，這就是北京故宮博物院收藏的國寶《清明上河圖》。在五米長的大畫卷上栩栩如生地描繪了世界都城汴京清明的熱鬧情景。當時都城人口約一百萬，商業極爲繁榮，在記錄當時情況的書籍中有「太平日久，人物繁阜」這類極爲盛情的讚譽。《清明上河圖》清晰地勾勒出細節：鱗次櫛比的商店，熙熙攘攘的人群，線條流暢的大橋，大約七百名人物形象，生動再現了北宋的繁榮昌盛。這樣的盛世圖景流傳下來，不是偶然現象，經過多年發展，各種制度牢固，城市的結構已經穩定，手工業無比興旺，人們在勾欄曲肆茶館盡享悠閒的生活，連底層小民都沉浸在世俗的滿足中，這種生活似乎會一直延續下去。

⬆ 蘇東坡

還有一個突出的問題，北宋是一個注重文人的時代，文人士大夫成爲國家政權的支柱。這個時代，科舉制度得到了改變，朝廷根據學子的文章能力選拔官吏。其結果，一些地主、商人的子弟替代了貴族

的子弟，作為朝廷的官員而登上了歷史舞臺。在宋代眾多的繪畫中，有一幅描繪當時士大夫的《人物圖》，這幅畫中描繪了士大夫所不可欠缺的文化修養，他們既會又能親自作畫，還要精通儒教經典及詩文，並且能夠欣賞音樂。士大夫在作為政治家的同時，也必須是名一流的文人，一代文豪蘇東坡是北宋士大夫的傑出代表，我們可以想像一個充滿藝術氣氛的國度，文采風流，名篇倍出，同時遊弋於政治與藝術之間。而以文人的思維方式來治理國家，也確實帶來種種弊端，他們對強悍的游牧民族感到陌生，缺乏真正有價值的對策，以至於後來情況越來越糟，與哲學思想上的縝密發展，恰恰相反。

並非完全忽視了武備，早期的幾位帝王都有收復北方的野心，只是在龐大官僚機構的拖滯下，在歌舞昇平的氣象中，這一切顯得遙遠，現世的歡樂令宋逐漸忘記了征戰的決心。事實上，北宋的繁榮是在微妙的對外關係上形成的：位於都城汴京以北六百公里處就是北

↟ 蘇東坡的墨寶

>>> 天·工·開·物 >>>

【水運儀象台】
北宋哲宗元三年（一〇八八）蘇頌、韓公廉等人製成的水力天文裝置。高約十二米，寬約七米，既能演示或觀測天象，又能計時或報時。它利用銅壺滴漏的恆定水流作動力推動樞輪，使其日轉四百周。樞輪又帶動渾象和渾儀兩個齒輪，由頂部的槓桿裝置（即天衡）控制它作恆速轉動。天衡使受水壺達到恆定水位後便自動脫離受水位置而下降，起自動調節器的作用。樞輪轉動時，受水壺中的水陸續瀉入退水壺，使合成的驅動轉矩減小（相當於一個負反饋作用），樞輪被天關擋住，下一個空受水壺就接受水流。因此，天衡還起著類似鐘錶中擒縱器的作用。而整個樞輪轉速恆定系統則是一個採用內部負反饋並進行自振盪的系統。該設備還裝有自動機構，在每個時辰初、正和每刻相應地有木人搖鈴、打鐘和擊鼓。

>>> 中·外·名·人 >>>

■趙匡胤
（九二七—九七六）即宋太祖。軍事家。初從後周。後在陳橋發動兵變，奪取政權，建立宋朝。杯酒釋兵權，建立中央集權制度。

■威廉一世
（William I，一〇二七—一〇八七）諾曼第公爵。一〇六六年率軍數千人，穿過英吉利海峽，奪取英國王冠。又稱「征服者」威廉。影響了英國文化和歷史進程。

宋的邊境，邊境的北面有游牧
民族建立的政權──遼，遼是
契丹族建立的少數民族政權。
遼的邊境地帶今山西省應縣，
有一座佛宮寺釋迦塔，因塔身
全是木製構件疊加而成，又稱
應縣木塔。它是一座67.31米高
的佛塔。遼代皇帝篤信佛教，
並深受中原文化的影響，遼當
時還未攻打北宋，其原因是遼
與北宋締結了和平盟約，遼每
年可以從北宋得到大量的絲綢
和白銀，以此維持了雙方的和
平關係。在一幅名爲《景德四
圖》的畫，描繪了遼國使節訪
問北宋朝廷時的情景：在圖中
左邊是遼國的使節，右邊是北
宋的官員們。

　　宋不僅依靠軍事力量，而
更多地以外交手段來維持與遼
國之間的和平關係，在北宋建
國以來一百二十年間，與遼國
在一段時間之內保持了相對穩
定的關係，持續了和平的時
代。

⊙ 景德四圖

\<2\> 沉溺於藝術和享樂中的君主

　　西元一〇八二宋徽宗趙佶作爲第六代皇帝的第十一子誕生了。西元一一〇〇年，因宋哲宗無子，故十八歲的趙佶繼承了皇位，這是意想不到的即位，徽宗只好暫時放棄了心愛的畫筆而開始執政，也是北宋走向滅亡的開始。

　　實際上，這第八位皇帝徽宗並未放下畫筆、放下詩卷，他是一位整日沉溺於藝術和享樂的君主。

　　他的繪畫格調高雅，色彩明快，所繪形象逼眞，開啓了宋代畫院體畫風，他親自執筆留下了不少佳作。《桃鳩圖》

↑ 臺北故宮博物院所藏宋徽宗像

是徽宗青年時期的作品，通過細緻的觀察而描繪出的這幅作品，是花鳥畫的傑作之一。《臘梅山禽圖》是另一幅出自徽宗之手的傑出繪畫作品，這幅畫中書寫著徽宗的一段話：「已有丹青約，千秋指白頭」，意思是徽宗與繪畫結下了千年盟約，從這幅作品中可看出徽宗對筆墨丹青的癡迷與鍾情。「瘦金體」是徽宗親自創作的書體，其文字結構飽滿，大氣嚴謹，非常獨特。在徽宗創作的一幅詩帖裏讚美了庭院裏盛開的鮮花，並用「瘦金體」的字體寫下，文字的每一細節都充滿了緊張的感覺，使人感受到徽宗細膩的人品。當時的資料對其作了這樣的記載：「才華橫溢，聰明過人，擅長詩文，勤於書畫，善思博學。」

徽宗是一位優秀的收藏家，徽宗時期中國歷史上首次編纂了宮廷藝術的總目錄《宣和畫譜》和《宣和書譜》。徽宗收集古今書法作品後，按行書、草書等字體進行分類，並命人記錄他對每一位書法家的評價，又命人收集了人物畫、山水畫等多種藝術領域的優秀作品。

其中《宣和書譜》中收錄了一百九十七人的一千三百四十四幅作品。書聖王羲之書寫的《快雪時晴帖》在徽宗的收藏之內，他收集了散失已久的王羲之的書法作品達二百四十三幅之多。《快雪時晴帖》於唐代初期被奉獻給宮廷，後來流入宋朝廷。徽宗的另一件收藏品《自敘帖》，是唐代懷素寫的草書作品，懷素是一位著名僧侶，又以喜愛喝酒而聞名，《宣和書譜》中讚譽了懷素書法：「考其平日得酒發興，要欲字字飛動，圓轉之妙，宛若有神。」《祭侄文稿》是

↑ 徽宗的花鳥畫 《桃鳩圖》

↑ 徽宗的瘦金體

唐代的顏真卿懷著在戰亂中失去親人的悲哀之情一氣寫成的書法作品。

《宣和畫譜》收集了二百三十一名著名畫家的六千三百九十六幅作品。其中收錄了閻立本畫的《步輦圖》，它描繪的是吐蕃使節拜見唐太宗的情景。又有五代南唐畫家趙幹畫的是山水畫的傑作。收藏在臺北故宮博物院的《山鷓棘雀圖》是徽宗收集的北宋初期的作他所收集的繪畫達六百幅之多，不僅收集繪畫，還召集有才幹的畫家在宮中繪畫，他則親自加以指導，現存《萬壑松風圖》是受教於徽宗的畫家李唐的作品。徽宗身邊聚集了眾多的優秀畫家和文人，這些文人雅士和徽宗本人的藝術成就，造就了歷史上罕見的輝煌藝術時代。徽宗收集的書畫，後來雖然經過多次戰亂，但其中的一部分仍被傳承下來，徽宗的這些收藏品已成為今日故宮博物院極為重要的書畫藏品。

>>> 天·工·開·物 >>>

【假天儀】

　　宋代的蘇頌、韓公廉於一○八九─一○九二年所造。是一具像人體大小的天球儀，天球用竹條做為骨架，外面糊紙。球面相應於天空星象的位置鑿有小孔，人由球南端開的口中進入球內，可見滿天的星斗。轉動球體，則「中星、昏、晚（曉），應時皆見於竅中」。在球的轉動軸上還掛有座椅，供觀星的人乘坐；轉動軸上還裝有手輪，可以用來轉動儀器作較快的旋轉，以使觀星者立刻可以得到星星東升西落的印象。這台儀器是近代天象儀的祖先。一九五九年，王振鐸作出了這件儀器的復原模型，陳列於中國歷史博物館。他指出，蘇頌在八百年前「因星鑿」，借室外自然光，在室內觀看表演設計，是很巧妙的構思，這件儀器是中國也是世界上最早的一具假天儀。

>>> 中·外·名·人 >>>

■程顥

　　（一○三二─一○八五）；程頤（一○三三─一一○七）北宋哲學家、教育家。同為北宋理學的奠基者，世稱「二程」。反對王安石新政，為名教綱常辯護。所著收入《二程全書》。

■亨利四世

　　（Heinrich IV，一○五○─一一○六）德意志國王（一○五六─一一○六）和神聖羅馬帝國皇帝（一○八四─一一○六）。一○七六年廢黜教皇，作為反擊，教皇判處他絕罰，亨利被迫前往卡諾薩請罪才得以重新取得教籍。

↑ 李唐的《萬壑松風圖》

　　　　　　　　　　　紫禁城裏還收藏著歷代皇
帝收集的一些物品，其中一些是宋徽宗自己收集或命人製作的珍貴
文物，在北京故宮博物院收藏著一件汝窯三足樽，它是徽宗命人製
作的青瓷精品。精練的造型和有深度的藍色，汝窯的青瓷標誌著中
國陶瓷器製造達到一個高潮。

　　徽宗經常在宮廷裏召集文人雅士舉辦盛大的宴會，在他親自創
作的《文會圖》中，描繪了在宮廷舉辦茶會的情景。當時論茶在士
大夫之間是極爲流行的一種時尚，在皇帝主持的茶會上，會擺出宮
中珍藏的許多珍貴器皿。徽宗深深地被茶具瓷器所吸引，在他繼位
以前，北宋宮廷所喜好的瓷器是定窯白瓷。在定窯燒製的蓮花紋龍
耳獸環壺上，其淡黃色的色彩如象牙一般，圖案都是手工雕刻的。
徽宗對藝術有著過人的敏感和熱望，他開始對瓷器製造進行更新的
追求——「雨過天晴雲破處」，描寫雨後從雲間看到的藍天，那是一
種通透而潤澤的藍色，
徽宗希望在瓷器上能反
映出這種藍色。這種雨
過天晴的藍色帶來了中
國瓷器的一個高峰，當
時汝官窯青瓷器只有六
十多件，這種青瓷所具
有的平和優雅、寧靜沉

↑ 開封復原的宋代宮殿

穩的感覺使徽宗著了迷。汝官窯的三足洗也是深受徽宗喜愛的瓷器
精品。汝官窯青瓷的燒製地點和製作方法長期以來一直是個謎，汝
官窯的青瓷名品僅在徽宗在位的二十五年中燒製過，後來這些青瓷
名品便銷聲匿跡了。

　　一九八七年，河南省考古研究所在寶豐縣清涼寺村發現了窯址
斷定爲汝官窯，從河南省考古所當時發掘的情景中可以看到，在五
百平方米的範圍內發現了窯址和作坊遺址，窯址集中在狹窄的地
方，在一千多件出土物品中，也有形狀完整的器物，據說汝官窯瓷
器呈現青色的秘訣在於使用了瑪瑙。青瓷表面上的白氣泡就是加入
瑪瑙而產生出來的。在現存的汝官窯瓷器中還有一件精品—粉青蓮
花式碗。從前，清朝的乾隆皇帝也曾致力於汝官窯青瓷器的復原工
作，但未取得成功，徽宗時期創造的青瓷如今仍是後人未能企及的
作品。

↑ 宋徽宗趙佶《柳鴉蘆雁圖》

⬆ 宋徽宗趙佶《瑞鶴圖》

　　座落在山西省太原的晉
祠聖母殿，從藝術的角度反
映了北宋宮廷生活的情景。
據說，以唐叔虞之母邑姜坐
像爲中心的四十三尊塑像，
實際上是北宋皇后及侍女生
活的眞實寫照。嬌豔的侍女

⬆ 徽宗時期鑄造的銅錢

像和其他塑像均同眞人一般大小，其中還有一尊乳母的造像。徽宗
從小醉心於這樣典雅華麗的生活，對權力的追逐，實在缺乏興趣，
四歲時，由於父親去世，他的哥哥繼承了皇位，在這樣的背景下，
他有相當的自由發展天賦，從幼年時起，便在繪畫和書法上顯示出
卓越的才華。如果不是因爲權力的眞空把他推到政治前沿，本應該
有著平穩優裕的一生，命運與他開了一個大玩笑。他的天性反映在
國家的治理上，《清明上河圖》使徽宗時代的都城風貌盡收眼底，
在畫底下，這個都城居民還有完善的救濟制度，朝廷應救濟孤兒、
老人、寡婦─這是年輕的皇帝徽宗常說的話，到了冬天，多次燒飯
賑濟災民，給病人發放藥品。唐代時，在繁華的都城長安人們夜間
外出一般都要受到嚴格的限制，但是北宋都城汴京則是一座晝夜都
繁華熱鬧的開放城市。

↑ 太湖岸邊的太湖石

↑ 在河南省新安縣地下再現的墓主人生前的房屋

《清明上河圖》細膩地描繪了被後世譽為理想之都的繁榮景象，年輕的皇帝把安然平和的理想放到了現實之中，也蘊含著無窮禍患。

有一幅表達徽宗皇帝人生一大轉折點的繪畫，這就是徽宗親自描繪的《聽琴圖》。畫中描繪了改變徽宗命運的一位男子，他就是陪侍在徽宗身邊，身穿紅衣的男子——蔡京。徽宗在二十歲時，起用蔡京擔任尚書左丞。蔡京當時五十五歲，他是個在激烈的派系鬥爭中，巧妙鑽營度日的老奸巨滑的政客。徽宗即位以來，蔡京一直處心積慮地贏得皇帝的信賴。傳說中位於河南省的香山寺就是徽宗即位當年由蔡京主持重建的，此後，蔡京在徽宗生日之際都要在各地建造寺廟。在香山寺的壁畫上，刻有介紹寺廟由來的碑文，碑文上

↑ 《宣和畫譜》和《宣和書譜》

↑ 汝窯三足樽

↑ 《山鷓棘雀圖》

↑ 應縣釋迦塔

↑ 應山西省太原的晉祠

的字體是蔡京自己的書法。也是一位著名的書法家。他作為一位出色的文人而獲得了徽宗的信任，並身居要職。蔡京得勢後，立即鎮壓了自己的政敵，大權獨攬。

在徽宗統治時代鑄造的銅錢，每一時期其大小和含銅量均不相同。蔡京通過多次改鑄銅錢使國庫更加富裕，同時也中飽了私囊。蔡京對徽宗說國庫裏金錢過剩，以使徽宗的眼光逐漸遠離現實社會。

徽宗聽從了蔡京的多次勸誘，開始熱衷於復興西周禮儀的浩大工程。徽宗首先開始著手鑄造禮儀中不可缺少的青銅器。政和鼎就是徽宗時代鑄造的九鼎之一。九鼎自古以來就被認為是統治者具有無上權威的象徵，它也是禮儀中最為重要的東西。徽宗還命人製作了青銅樂器——編鐘，他還再現了當時舉行禮儀時的音樂。

↑ 晉祠聖母殿

↑ 晉祠聖母殿乳母造像

↑ 徽宗親自繪製的《聽琴圖》

為了迎合皇上的愛好，蔡京還建議徽宗從遠離都城七百公里的蘇州太湖，將巨大的太湖石運進都城，以營造庭園。

石灰岩被波浪沖洗，形成許多空穴，這就是有名的太湖石。十來米高的太湖石，搬運一塊就需要數千勞力幾個月的時間，當時由於船隻被損壞而無法搬運的一些巨大石頭，如今還保留在太湖附近。徽宗用大量的太湖石，建造了周長約達三十公里的巨大庭園，種植南方珍貴的植物，放養了數千隻鳥獸。當時的史料中有這樣的記載：在搬運石頭的河邊，屍首遍野，怨聲載道。

>>> 天·工·開·物 >>>

【《營造法式》】

中國現存時代最早、內容最豐富的建築學著作。北宋政府為了管理宮室、壇廟、官署府第等建築工作，於紹聖四年（一○九七）將作少監李誡奉令編修，元符三年（一一○○）成書，崇寧二年（一一○三）刊行。全書共分五個部分，計三十四卷，三百五十七篇，詳細記述了建築的設計、結構、施工、計算工料等內容，展示了中國建築技術史上的兩大成就，一是施工管理的科學性，一是建築設計的摸數制。該書較詳細地說明了古代建築設計的根本法則材份制，提供了殿堂、廳堂兩類斷面圖，同時也記述了現存古建築中所不曾保留的一些建築設備和裝飾，誠為了解中國古代建築學、研究古代建築的重要典籍，進宋代以後的建築技術發展起到了積極作用。

>>> 中·外·名·人 >>>

■ 王安石

（一○二一—一○八六）北宋政治家、文學家、思想家。神宗時推行「王安石變法」。詩文遒勁雄健，成就很大。有《王文公集》、《臨川先生文集》。

■ 海亞姆

（Omar Khayyam，一○五一—一一二三）波斯數學家、天文學家、詩人。發現三次方程的幾何解法。對波斯的日曆加以改造，使其幾乎與格里高里曆一樣精密。

然而，徽宗卻根本不聞其聲。就在宮廷權貴過著奢侈講究的生活時，各地開始出現民眾不堪重負的反抗，其中之一就發生在今天的山東省梁山泊一帶，以宋江爲首領的綠林好漢聚首在梁山泊，他們的俠義之舉後來被編寫成《水滸傳》，在民間廣爲流傳。

↑ 蘇東坡的《寒食帖》

↑ 黑龍江省阿城

在河南省新安縣，發掘出一座有錢有勢的地主墓，當時士大夫的生活情景。在墓室中，將墓主人生前的房屋在地下原原本本地再現，由此可看到當時地主的富裕生活。那時在農村發生了重大的社會問題，地主不斷佔有大面積的土地，被剝奪土地的農民淪落爲佃戶，國家的政治統治和經濟基礎變得脆弱了。圍繞著是否應該限制地主的權利，保護貧民這一問題，北宋朝廷內部分裂成兩個派系。

↑ 徽宗創作的《文會圖》

在這個時代的士大夫中，有著名的文學家蘇東坡。蘇東坡由於率先著手水利工程而廣得眾望，然而他被捲進了派系

↑ 定窯燒製的蓮花紋龍耳獸環壺

之間的激烈鬥爭，並多次遭到貶官的不幸。蘇東坡創作的《寒食帖》是描寫他被貶時心情的代表作，「救國無力，惜春苦雨，病體纏身，百無聊賴」，蘇東坡以自由豁達的筆法表達了自己的心情。這個時代，有許多如蘇東坡一樣被貶官的士大夫，派系之間的鬥爭已發展到互相揭醜的激烈狀態。

沉溺於藝術和享樂之中的徽宗，隨心所欲操縱朝政的蔡京，使北宋王朝逐漸走向衰亡。徽宗即位十五年後，在北方發生了異變，新的少數民族政權金興起了。

黑龍江省阿城，這是狩獵民族──女眞族居住的地方。在白山黑水之間，現在還能看到一些流傳下來的女眞族的節日活動，打獵之前向天神和地神禱告，女眞族因分成小部族而勢力薄弱，長期苦於遼國統治者的暴政。北宋末期，女眞族實現統一，建立了以金爲國號的少數民族政權。金朝的武器有些被遺留了下來，金朝軍隊自稱爲滿萬無敵，即只要成萬人的集團則所向無敵，令人畏懼，是一支勇猛善戰的軍隊。

開始南下的金軍以絕對強大的優勢，多次打敗了遼軍。一年後，金滅了遼國，進而威脅北宋。

面對迫在眉睫的威脅，徽宗卻對朝廷

>>> 天·工·開·物 >>>

【針灸銅人】

北宋仁宗天聖年間，朝廷命翰林醫官王惟一考訂針灸經絡，《銅人腧穴針灸圖經》三卷，作爲法定教本在全國頒布。爲了便於該書的長久保存，同時將《圖經》刻在石碑上。書成次年（一〇二七），王惟一又設計並主持鑄造了兩件針灸用的銅人。其大小與眞人相仿，胸腹腔中空，表面鑄有經絡走向及穴位位置六百五十七個，穴旁刻題穴名三百五十四個。穴位鑽孔，同時以黃蠟封塗孔穴，其內注水。如取穴準確，針入而水流出；取穴不准，針不能刺入，極其方便了針灸教學。兩件銅人一置醫官院，一置相國寺，爲世界上最早的人體模型，不僅是實用的醫學教具，也是珍貴的歷史文物。後靖康之變時金人索要北宋府庫珍寶，銅人在列；一九〇〇年八國聯軍入侵時清廷皇宮僅存的另一銅人又遭日軍搶掠，至今仍流落異邦。後明清及現代又鑄有銅人若干。

>>> 中·外·名·人 >>>

■司馬光

（一〇一九─一〇八三）北宋政治家。反對王安石變法。花費十五年時間主編的《資治通鑒》是一部編年體通史，具有較高的文學價值。有《司馬文正公集》。

■莪默·伽亞謨

（Omar Khayyami，約一〇四八─一一三一）波斯詩人、數學家。用圓錐曲線解三次方程，是代數發展史上邁出的一大步，也是中世紀數學的最大成就之一。有詩集《魯拜集》。

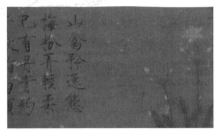

↑ 徽宗的《臘梅山禽圖》1

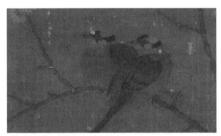

↑ 徽宗的《臘梅山禽圖》2

↑ 徽宗的《臘梅山禽圖》3

的平安深信無疑，爲慶祝歌舞昇平的盛世，皇帝還延長了一個月的正月慶祝活動。宮殿裏掛上了許多燈籠，並向前來慶祝的每個人賜了一杯酒，徽宗眼裏的汴京仍然是毫無變化的安寧面貌。第二年，金軍開始了進攻，徽宗在惶恐中傳位於兒子欽宗，西元一一二七年，北宋都城輕而易舉地被攻佔了，金軍隨心所欲地掠奪，被譽爲夢幻之都的汴京街上到處是死屍和饑餓的人們。徽宗和他的兒子欽宗被俘，欽宗被俘時執政還不足兩年，北宋就此滅亡了。駛向北方的二千輛大板車，煙塵滾滾，將徽宗所藏的所有珍品搬運到了金國都城，卻運不走宋朝百姓失國的哀痛。

　　這位藝術化的君主最終被劫擄到了寒冷的北方。有一條名爲松花江的河流，經黑龍江省流向遙遠的地方。在距今八百多年以前，曾經統治過中原的父子兩代皇帝被金人劫擄到這個荒涼的地方，距離汴京約二千公里，他們就是北宋王朝的第八代皇帝徽宗和第九代皇帝欽宗。在酷寒的北國生活的徽宗，據說晚年失明了，北宋滅亡八年後，於五十三歲時離開了人世，有一首徽宗描寫晚年心情的詞這樣寫道，「天遙地遠，萬水

千山，知他故國何處？怎不思量，除夢裏、有時曾去，無據，和夢也、新來不做。」徽宗夢想著都城汴京，直到去世，失國離家，不僅是個人安逸的破滅，也震動了整個江山。

北宋之所以亡國原因眾多，「風流天子」成了千夫所指，充滿感情因素，而宋代制度上的缺陷，往往被掩蓋。在歷史循環往復之中，每一個片段都與前後歷史有著千絲萬縷的關係，

從宋建國之初的安養生息政策，到理學紛爭對人性的探尋，再到毀譽參半的文官制度，充滿了糾葛。而藝術確與生活相通，從這點來說，或許真是社會發展的風向標。

第七章 錦繡江南

後人常說錦繡江南，如果用「春來江水綠如藍，日出江花紅似火」的詩句來描述，並不能盡寫想像中的江南。歷史需要實證，這從考古成果中可以略知當年風景。

<1> 精美的陶瓷訴說著江南往事

一九九六年十月，在面向臺灣海峽的福建省連江縣定海灣，專家們對一艘約西元十二至十三世紀時沉沒的古船進行了調查－參加調查研究的專家以中國歷史博物館水下考古學研究室為主。

在水深七米的海底，遍地散亂地堆放著數量眾多的陶瓷器，其總量約為一萬件，眾多的陶瓷製品重疊在一起，埋沒在泥沙之中。為運輸而加以包裝過的陶瓷器是和古船一起沉沒的。船體的絕大部分已被海水沖走，現在只殘存了一段被稱作「船龍骨」的船身木材。船龍骨是貫穿船底的支撐樑木，用以提高船隻在風浪大的海洋航行時的安全。從這裏的海底已經打撈了大約二千件以上的陶瓷器，這些陶瓷器均為定海灣附近的民窯製品。

紫禁城收藏著歷代皇帝收集的文物，其中也包含著民窯燒製的瓷器佳作。

⬆ 海底的陶瓷器

⬆ 從海底打撈上來的陶瓷器

南宋的建窯盞，高七釐米，是福建省建窯燒製的黑釉瓷器，在黑色的釉上有被稱作兔毫的細長線形紋樣。當時在社會上流行品茶比賽，隨著品茶的流行，陶瓷作坊內燒製了大量的黑釉碗，黑釉碗隨著飲茶習俗的流行大量出口到日本、朝鮮半島及東南亞等地。精美的黑釉葉紋碗是南宋陶瓷藝術中一件不可多得的珍品。

南宋的頸瓶高二十六釐米，是龍泉窯燒製的青瓷花瓶。龍泉窯的青瓷，在南宋大量出口的商品中是最受人們喜愛的。帶綠色的青瓷釉面有著深沉的透明感，舒暢變寬的瓶身和細長的瓶頸襯托出流水般的曲線，構成了一個十分優美的造型。龍泉青瓷出口到東亞、阿拉伯和非洲等地。

在景德鎮燒製的影青刻花蓮花紋碗，是一件高六釐米的略帶青色的白

↑ 龍泉窯燒製的頸瓶

↑ 景德鎮燒製的影青刻花蓮花紋碗

>>> 天·工·開·物 >>>

【遼墓星圖】
　　一九七一年在河北省張家口市宣化區的一座遼代墓裏發現了一幅星圖。該圖繪於西元一一一六年，用於墓頂裝飾，星圖繪畫在直徑2.17米圓形範圍內，繪製方法為蓋圖式，圖中心嵌有一面直徑為三十五釐米的銅鏡，外圈是中國的二十八宿，最外層是源於巴比倫的黃道十二宮，從中可看出在天文學領域內中外文化交流的跡象。

【大衍求一術】
　　中國古代求解一類大衍問題的方法。大衍問題源於《孫子算經》中的「物不知數」問題：「今有物，不知其數，三三數之剩二，五五數之剩三，七七數之剩二，問物幾何？」這是屬於現代數論中求解一次同餘式方程組問題。宋代數學家秦九韶在《數書九章》（一二四七年成書）中對此類問題的解法作了系統的論述，並稱之為大衍求一術。德國數學家C. F.高斯是在一八○一年才建立起同餘理論的，大衍求一術反映了中國古代數學的高度成就。

>>> 中·外·名·人 >>>

■成吉思汗
　　（一一六二—一二二七）鐵木真。蒙古帝國創建者。一二○六年征服七十二個部落即位稱成吉思汗，之後將幾乎整個中亞盡屬蒙古。成為當時東西方的共主。

■理查一世
　　（King Richard I ,the「Lionheart」，一一五七—一一九九）英國國王。有「獅心理查」美稱，是第三次十字軍東征的主將。返回時遭綁架。歷史小說《艾文荷》即根據這段史實寫成。

瓷碗，上面有精心雕刻的蓮花紋。

　　這些精美的瓷器下面，隱示著一個物質空前繁榮的時代。西元十二至十三世紀，在華夏大地上確曾有過一個以對外貿易支撐經濟發展的朝代，這就是以江南為中心進行統治的南宋，支撐南宋對外貿易的主要商品就是這些陶瓷器。南宋時期的陶瓷器製品裏，有許多是專為出口而燒製的。那麼，這個以貿易為支柱，從而繁榮昌盛的南宋，又是一個什麼樣的朝代呢？

　　西元一一二七年，北宋被北方興起的金朝所滅，南宋是逃至南方的北宋皇族建立的政權。在西元十二世紀時南宋與金的對峙圖中可以看到，在金強大的軍事力量下，南宋朝廷只好放棄黃河流域的中原，偏安於江南一帶。距今八百多年以前，失去了北宋都城汴京，在各地輾轉的北宋皇族，終

↑ 建窯盞

↑ 南宋與金的對峙圖

↑ 宋高宗趙構

↑ 宋高宗趙構書、馬和之畫《唐風圖》

↑ 宋高宗寫給岳飛的信

於在西元一一三八年選定了今天的浙江省杭州市爲新的都城，史稱臨安。

南宋的第一代皇帝是宋高宗趙構，高宗是北宋第八代皇帝徽宗的兒子。北宋滅亡時，除高宗外，皇族幾乎均被金軍虜獲、掠殺。對高宗來說，在江南立國是艱苦卓絕的，建國之初朝廷內部在如何抗金的問題上有過一場激烈的爭鬥。

高宗曾致信給在抗金戰鬥中屢立戰功的岳飛將軍，以示鼓勵。在朝廷，主張徹底抗敵收復失地的主戰派和以偏安江南爲上策的講和派，進行了一場尖銳的論戰。宋高宗面臨金軍的強大實力和擔憂已被金

↑ 岳飛像

>>> 天·工·開·物 >>>

【「秦九韶程式」】

南宋時期數學家秦九韶在其所著《數書九章》（一二四七開方術的研究作出了傑出的貢獻。正負開方術是以增乘開方方法爲主導的求解高次方程正根的方法，今有「秦九韶程式」之稱。他在該書中推廣了增乘開方方法，述了高次方程的數值解法，列舉了二十多個來自實踐的高次方程的解法，最高爲十次方程。歐洲直到十六世紀義大利人菲爾洛（Scipio Del Ferro）才提出三次方程的解法。此外，秦九韶還系統地研究了一次同餘式理論。

【蘇州石刻天文圖】

現存在蘇州博物館內的蘇州石刻天文圖，是世界現存最古老的石刻星圖之一，刻於西元一二四七年（南宋丁未年），主要依據西元一〇七八—一〇八五年（北宋元豐年間）的觀測結果。圖高約2.45米，寬約1.17米，圖上共有星一千四百三十四顆，位置準確。全圖銀河清晰，河漢分叉，刻畫細緻，引人入勝，在一定程度上反映了當時天文學的發展水準。

>>> 中·外·名·人 >>>

■朱熹

（一一三〇—一二〇〇）南宋哲學家，理學集大成者。提出「存天理，滅人欲」。所著有《四書章句集注》等，後人編纂《朱子語類》等。

■英諾森三世

（Innocent Ⅲ，一一六〇—一二一六）羅馬教皇。推動吸收和文藝復興時的新思潮。一一九八年他發動反對異教徒的十字軍遠征。

軍擄走的皇族安危所
淹沒，他逐漸傾向於
講和派。主戰派的中
心人物是岳飛將軍，
寸步不讓的岳飛堅持
抗金主張，但結局還
是主戰派失敗了，岳
飛在風波亭慘遭殺
害。西元一一四一年

↑ 描繪宋與金講和後迎接歸來的皇族圖畫

冬，南宋與金達成了講和協定，有一幅畫描繪了宋與金講和後，人
們迎接歸來的皇族的情景。對南宋來說，與金講和的條件十分苛
刻，國土的一半被分割，每年還必須向金繳納大量的白銀和絲織
品。最為屈辱的則是南宋皇帝要向金朝作臣下禮，被謳歌為神的南
宋皇帝卻跪倒在金朝統治者的膝下。闊別十五年之久才歸還南宋高
宗的父親徽宗和其母以及高宗的妃子，而此時的徽宗和高宗的妃子
早已不在人世了，他們是躺在棺材裏被歸還的。對南宋君臣來說，
這是一個不堪忍受的時代，但是南宋不久便迎來了一個經濟較為繁
榮的時期，而支撐這一繁榮時期的乃是對外貿易。

<2> 景德鎮的陶瓷工藝

　　江西省的景德鎮因瓷器而著名，南宋初期，支撐對外貿易的重要
商品就是在這塊土地上創造出來的景德鎮陶瓷。景德鎮的陶瓷製造歷
史可以追溯到西元十世紀的民間燒窯，在西元十一世紀的北宋中葉，

　　早在八百多年前的宋代中國就利用熱力作爲動力，民間很流行的走馬燈便是一例。走馬燈雖然是一種玩具式的燈，但它的原理和近代的燃氣輪機是一樣的，而燃氣輪機是近十幾年才研製成功。在歐洲，一五五〇年有過一種離型燃氣輪機的記載，但也比中國發明走馬燈要遲四百多年。

【楊輝演算法】

　　南宋時期數學家楊輝在其後期（十三世紀中後葉）著作《乘除通變本末》三卷、《田畝比類乘除捷法》二卷、《續古摘奇演算法》二卷等中，保存了中國古代數學典籍的許多珍貴資料，提出了一些演算法，發展了實用數學，世稱楊輝演算法，爲改進和發展古代計算技術作出了貢獻。

■文天祥

　　（一二三六─一二八三）南宋政治家。發動義軍抵蒙古軍，兵敗被俘，投牢折磨三年後就義。遺下詩文《過零丁洋》、《正氣歌》及「衣帶詔」等，爲民族英雄。

■湯瑪斯·阿奎那

　　（Thomas Aquin，一二二五─一二七四）義大利神學家和經院哲學家。將亞里斯多德哲學中的唯心主義和形而上學體系發揮納入基督教神學體系。著有《神學大全》等。

　　因受北方遼金的威脅，華北地區的陶工有不少逃到了景德鎮，陶

↑ 躺在棺槨中被歸還的宋皇族

工們爲景德鎮陶瓷製造業帶來了新技術，這些新技術不久便使景德鎮出現了一大轉變。

　　在景德鎮的一座窯址上，我們現在還可以看到形成景德鎮燒製新技術的一些痕跡。其中有燒在一起的重疊著的白瓷碟，還有運用被稱作覆燒技術所燒製出的陶瓷器，覆燒是在北宋時代的華北地區發明出的具有劃時代意義的新技術。將瓷器搬入窯中時，因瓷器沾上煤煙會變色，所以瓷器是放在圓形容器裏燒製的。把陶瓷器朝上擺放的話，容器

↑ 江西省的景德鎮

↑ 景德鎮窯址上使用覆燒技術製出的陶瓷器碎片

↑ 普通燒製方法與覆燒方法的對比

↑ 淺青印花鳳凰碗

↑ 描繪南宋時的都城杭州的畫卷

裏只能容納一件器物。使容器空間得到最大限度利用的方法則是這種覆燒方法，將器物扣著而重疊擺放，可容納更多的瓷器，用同樣數量的容器，如果採用覆燒技術，其容納量要比仰燒多出三倍。

隨著產品的大量生產，景德鎮又引進了一個新的生產體系——分工作業。當時的分工作業從製土開始，工序分爲入紋樣、燒窯等十多種。培養出能操作各種工序的專業陶工，並在大批的生產中使產品能保持較高的品質。南宋遺存下來的景德鎮淺青印花鳳凰碗，也是大量燒製出來的產品之一，瓷器上布滿了印花的紋樣。景德鎮的紋樣加工從手工雕刻轉向了印花，其原因是用手工一件件地雕刻是無法進行大量生產的。印花技術使產量又有了進一步的發展和擴大。運用印花技術燒製的陶瓷器，成了支撐南宋經濟極爲重要的出口商品。

南宋每年要向金繳納相當於一百五十萬貫的白銀和絲綢，而南宋全年各項貿易的收入僅約爲二百萬貫。南宋以貿易收入的

絕大部分來換取和平的局面，在南宋時，水利也得到了廣泛發展，使江南出現了空前繁榮。大米、茶葉、絲綢的產量都有增長。南宋建立三十年後，經濟就取得了可與北宋相媲美的繁榮。南宋時的都城杭州，轉眼之間人口超過了百萬。街頭上的商品無比繁盛，連國外的珍品也薈萃一堂，出售高檔的寶石、舶來的象牙及各類珍品的商店一家連著一家。在當時，只要有錢什麼都可以買到。元代時走訪了此地的馬可波羅，稱杭州為世界上最繁榮昌盛的城市，閃耀著黃金的光芒。

↑ 杭州的南宋太廟遺址 1

↑ 杭州的南宋太廟遺址 2

在杭州發現了南宋的太廟遺址，太廟是歷代皇帝用於祭祀祖先活動的固定場所。對歷代王朝來說，太廟是最為重要的據點之一。一九九五年，對太廟進行了發掘調查，遺址面積為一千平方米，在太廟內發現的道路均用磚或瓦鋪築而成。在當時的杭州，宮殿相連，已形成了一個具有國都風貌的大都市，但在南宋的宮廷裏，沒有留下用於祭祀的青銅器和玉器，宋滅亡時，珍貴的器物都被金掠奪走了。南宋的粉青貫耳穿帶方壺是官窯燒製的青瓷，它的形狀模仿了青銅器的貫耳壺。南宋設置了官窯，用來燒製陶瓷的祭祀器物，代替以往的青銅禮器，器物表面覆蓋的釉十分厚重，有著好似玉器般的柔和感覺。

官窯的青瓷以追求青銅器的品性和玉器的光澤而著稱於世。南宋的粉青三足弦紋路爐是一件模仿青銅酒樽的官窯瓷器，器物底部採用了獸足的造型，用獸足支撐了整個器物。在瓷器表面重疊為一體的結晶通過光線反射，放出像綠寶石般的光芒，有鑒於官窯瓷器的鮮明特點，南宋主要以使用官窯瓷器來舉行正式的宮廷禮儀，並成

為一種定制。

福建省泉州港，在南宋時是海
外貿易的一大中心。當時的貿易十
分興旺，以泉州為首，南宋各地增
建了許多造船廠，造船量也一年勝
過一年。一九七四年考古人員在泉
州港發現了一艘南宋時的貿易商
船，船長24.2米，寬9.15米，是一艘
能乘百人的大型船舶。為防止意
外，船艙被密封為十三個貨艙，船
外壁有三層木板予以加固。船中發
掘出了胡椒和香料，這是一艘從南
洋回來的貿易商船。

⊕ 粉青貫耳穿帶方壺

⊕ 南宋粉青三足弦紋路爐

<3> 戰亂間歇的南宋藝術

躲避奔走的日子漸漸遠離，一切回復原狀，從宮廷到民間，又一
派富貴安逸的景象，人們以美酒絲綢精瓷來忘卻痛苦和恥辱。制度重
新建立起來，官員們手捧玉圭，仕女們在眉心加上金鈿，杭州已經是
風流人物的聚集地，詩詞橫飛，喧鬧流年。藝術在戰爭的間歇中，抬
起頭來，亂世出英雄，亂世之後，有許多時間供人們憑弔吟詠、工筆
描繪。《秉燭夜遊圖》描繪了在宮廷賞花的南宋皇帝。南宋以貿易為
基礎迎來了一個經濟相對繁榮的時期，但是就光復中原而言，南宋卻
力不從心。在南宋朝廷內，光復中原的意志隨著時光的流逝而衰退。

《溪山清遠圖》出自南宋畫院的夏圭之手，九米的這幅卷軸描繪的

是溫暖陽光裏的江南景色。南宋效仿北宋恢復了宮廷畫院，用以繼承文化的傳統。夏圭被視爲開創了南宋宮廷繪畫風格的一代宗師，他是一位能夠巧妙運用「墨分五色」技法的優秀畫師，他利用濃厚的焦墨與清潤的淡黑的反差，將絕壁描繪得十分形象。此圖最大的特點是充分發揮了筆墨的韻味，純用水墨來傳達江面的氤氳意境，使整個畫面質樸天然，充滿了清逸之氣。

↑ 臺北故宮博物院藏南宋梁楷的《潑墨仙人》

>>> 天·工·開·物 >>>

【巢車】
　　中國古代一種設有望樓、用以登高觀察敵情的車輛。車上高懸望樓如鳥之巢，故而得名。又名樓車。樓車的名稱見於《左傳》。宋官方編修的《武經總要·攻城法》中同時收錄了巢車與樓車兩種，並稱樓車爲望樓。據其文字及附圖所示，巢車的形制同於《通典》；而樓車的形制則較爲複雜完備。其車體爲木質，底部有四輪，車上樹望竿，竿上設置望樓，竿下裝有轉軸，並以六條繩索，分三層，從六面將竿固定，繩索下端則以帶環鐵橛楔入地下。這種望樓車當是宋代的形制。

【指南用具】
　　宋代科學家沈括首先記載了地磁偏角，說用天然磁石摩擦鋼針，使之磁化成爲磁針，可以指南，而常微偏東。宋軍中配備指南魚，將薄鐵葉剪成魚形而磁化，用於陰天和黑夜判斷行軍方向。後來又發展成磁針和方位盤聯成一體的羅經盤，即羅盤。曾三異在《因話錄》中記載當時有「地羅」，這種地羅還是一種水羅盤。當時，陰陽家用地羅看風水。在清丈田地和判決土地訴訟時，也使用地羅。據史料記載，至晚在北宋後期，指南針已用於航海；南宋時，使用「針盤」導航。這種針盤還使用「浮針」，這對於海上交通的發展與中外經濟文化的交流，起了極大作用。

>>> 中·外·名·人 >>>

■岳飛
　　（一一〇三——一一四二）南宋軍事家、民族英雄。率領「岳家軍」屢戰皆捷使金人喪膽，謂「撼山易，撼岳家軍難」。後被秦檜等以「莫須有」罪名殺害。

■羅傑·培根
　　（Roger Bacon，一二一四——一二九四）英國科學家。提倡科學，在著作《大作》中論述數學在國家管理、年表學、水文學、地理學等方面的作用。

↑ 《秉燭夜遊圖》1

《踏歌圖》出自在南宋畫院與夏圭齊名的馬遠之手，這幅畫配以迎合皇帝、歌頌盛世詩句，畫面運用有力的筆風和簡練的構圖，描寫了一副山峰環抱的美麗風景。「踏歌」是古代的一種歌詠娛樂形式，即一邊歌唱，一邊用腳踏地打拍子。畫面上，農田小道上幾位老農踏腳爲拍，手舞足蹈，載歌載舞，好一幅喜慶豐收的畫卷。此後，按照皇帝之意所創作的宮廷繪畫作品走向了城市化，逐漸失去了生機。

《潑墨仙人圖》爲南宋畫院待詔梁楷所作，是現存最早的一幅潑墨寫意人物畫。出於對南宋畫院刻板畫風的不滿，也由於當時佛教禪宗思想的盛行，梁楷離開了畫院而專著於禪的世界，梁楷的筆墨奔放，

↑ 《秉燭夜遊圖》2

↑ 夏圭的《溪山清遠圖》2

只需數筆，就能將仙人的磊落性格描繪得活靈活現。與南宋畫院細密的繪畫技法相對

↑ 夏圭的《溪山清遠圖》1

照，梁楷的作品則顯得十分豪爽。梁楷等畫家的作品極大地影響了後世禪僧文人的精神世界。

一九七五年在一貿易港口發現了一座地方士紳妻子的墓葬，墓穴裏放置了大量的絹製衣物，僅完好無損的衣物就多達三百五十件，其中有一件帶有牡丹花邊的鑲金絹衣。墓穴裏還出土了金銀製作的裝飾品，銀髮夾上刻著一對蝴蝶。墓中還出土了一個鍍金的銀薰，在裏面放著香料，它具有今天香水一樣的作用。還有作為出嫁用具而製的泥偶人，在當時多子多福是比裝飾金銀更為重要的生活追求。南宋有著專售此類孩童玩偶的商店，經濟的繁榮使百姓的生活有了廣泛提高，人丁興旺的現實生活也反映在藝術品之中。在故宮博物院收藏的南宋文物中，以兒童為題材的繪畫比以往也有所增多。南宋畫院中有代表性的宮廷畫家蘇漢臣曾繪製了一幅《秋庭嬰戲圖》，蘇漢臣因描繪了許多以兒童為題材的繪畫而聞名於世。畫中玩耍的姐弟倆，其神態被描繪得十分逼真和細膩。清朝皇帝看到此畫後曾作詩加以讚

美，稱此畫色彩鮮豔，姐弟倆的表情活靈活現十分可愛。而《村童鬧學圖》描繪的是在私塾讀書的孩童。在伏案小睡的教書先生旁邊，學生們趁機玩耍各種遊戲。南宋也是一個

↑ 馬遠的《踏歌圖》

教育事業得到廣泛普及的時代，在
新設立的各地私塾裏，士紳、商人
和農民的子弟爲考取功名而發奮苦
讀，在宋代遺存的文物中還有一部
當時學生使用的課本。教育之所以
得到普及，是與當時發達的印刷技
術分不開的。中國所發明的印刷術
在南宋時得到進一步改進，從而使
印刷業走向了低成本而大量生產的
時期，這使得南宋的教育有了空前
的發展。

↑ 南宋福建墓葬出土的帶牡丹花邊的鑲金
絹衣

↑ 南宋福建墓葬出土的金銀製作的裝飾品

　　優美的藝術形式從宮廷走向民
間，南宋的繁榮多表現在平民生活
中，並非爲貴族所獨佔，詞是一種
非常平民化的東西，而瓷器也在日
常中得到新的靈感：一九六三年在
浙江紹興的一座南宋晚期的水井裏
發現了大量的瓷器，其中的四十二
件瓷器都是日常生活用品，出土的

↑ 南宋福建墓葬出土的為出嫁而製的泥偶人

器物中有些
是今天首次

↑ 蘇漢臣的《秋庭嬰戲圖》

見到的青色瓷器，也就是民間的龍泉窯產品。南
宋中期以後，陶瓷製造業迎來了一次大轉變，龍
泉窯以絡繹不絕地燒製優美的青瓷而取代了從南
宋初期開始就一直支撐對外貿易的景德鎮窯。保
留至今的龍泉窯燒製的青瓷碗與景德鎮瓷器明顯
不同。龍泉窯瓷器上沒有施加任何紋樣，它省略
了以往造型裝飾上的過分誇張，追求那種經過洗

練後的靜謐之美。這種充滿才智，並具有優雅顏色與造型的青瓷，是
渡過文化成熟期後的南宋社會的一大創新。

　　龍泉窯座落在深山環抱的浙江省南部，爲了尋求高品質的陶土，
陶工們來到此地，建築起一座座瓷窯。如今，仍有利用山坡斜面築
成的現代瓷窯。作爲民窯，龍泉窯始終燒製著帶有青瓷顏色的瓷器。
南宋中期，人們開始追求與那繁榮時代相吻合的器物，爲適應新的追
求，陶工們所創作的就是龍泉窯
燒製的青瓷產品。在這一時期，

↑ 《村童鬧學圖》

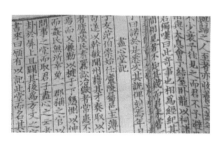

↑ 宋代遺存的學生課本

⤊ 龍泉窯燒製的青瓷碗

⤊ 浙江南部的龍泉窯所在地

龍泉窯實行了技術改造，開始使用能夠達到高溫的松柴為燃料，同時還引入了對微妙的溫度變化加以調節的調溫技術，也就是稱之為看色的溫度調節法。這種方法就是事先將瓷片放入窯中，待火循環後取出，根據瓷片反映的結果調節溫度。

在窯址中發現有一些青瓷碎片，那濃厚的釉藥比胎還厚，釉

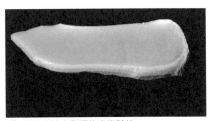

⤊ 龍泉窯址中發現的青瓷碎片

藥分為兩層，為了燒出濃厚的色彩，先上一道釉藥用低溫燒製，再上第二道釉藥繼續燒製。釉層中可以看到大大小小的氣泡，氣泡通過光線反射給人一種鮮豔透明的感覺，氣泡是運用正確的溫度調節而造成的特殊效果。龍泉窯燒製的青瓷褲腰香爐，帶著微妙的綠顏色。被稱為「梅子青」的青瓷色彩，施加了數層的釉藥，使人感覺到一種情趣昂然的透明感。龍泉窯的工匠們通過選土，變釉和使用松柴及看色技術，成功地燒製出了與眾不同的

⤊ 龍泉窯址中發現的青瓷碎片　厚厚的釉藥

⤊ 臺北故宮博物院藏宋汝窯天青釉橢圓水仙盆

青色瓷器。
南宋龍泉窯
燒製的另一
件精品是盤
口鳳耳瓶，
高二十五釐
米，儘管瓶
的左右隻裝

⬆ 龍泉窯的青瓷褲腰香爐

飾了一對鳳耳，但那簡潔的造型卻是充滿了
典雅風貌。這種透明的青色稱爲粉青，粉青
這種色彩是青瓷所達到的一種完美境界。盤
口鳳耳瓶那典雅的造型，優美的色彩正象徵
著南宋的傑出文化，雖有著軍事力量強大的
金的威脅，而錦繡江南卻盛開著一朵光彩豔
麗、歷經千錘百煉的南宋文化之花。南宋文
化的結晶，不但作爲貿易商品而出口海外，
同時也支撐了南宋自身的經濟。

　　在龍泉窯最爲昌盛的時期，龍泉曾經聚
集了二百座以上的瓷窯，他們相互競爭，展
示著自己的色彩與造型。在激烈的創作競爭

中，流傳下來這樣
一個傳說：以前在
龍泉有一對燒瓷兄
弟，大哥叫章生
一，弟弟叫章生
二，哥哥的窯稱爲
「哥窯」，弟弟的窯
叫「弟窯」，也稱
「龍泉窯」，哥哥以

⬆ 盤口鳳耳瓶

>>> 天・工・開・物 >>>

【火箭】
　　中國古代重大發明之一。
古代中國火藥的發明與使用，
給火箭的問世創造了條件。北
宋後期，民間流行的能升空的
「流星」，已利用了火藥燃氣的
反作用力。按其工作原理，
「起火」一類的煙火就是世界
上最早的用於玩賞的火箭。南
宋時期，出現了軍用火箭。到
明朝初年，軍用火箭已相當完
善並廣泛用於戰場，被稱爲
「軍中利器」。

【突火槍】
　　中國古代的一種用火藥發
射彈丸的竹管射擊火器。南宋
開慶元年（一二五九）壽春府
（今安徽壽縣）始造。據《宋
史・兵志》記載，突火槍「以
巨竹爲筒，內安子窠」，點火
後「子窠發出，如炮聲，遠聞
百五十餘步」。子窠是一種彈
丸。突火槍由火槍發展演變而
來。同火槍相比，已經從噴射
火焰燒灼敵人的管形噴射火
器，發展爲發射彈丸（子窠）
殺傷敵人的管形射擊火器。突
火槍是世界上最早的管形射擊
火器，其發射原理爲步槍、火
炮發射原理的先導。

>>> 中・外・名・人 >>>

■李清照
　　（一〇八四—約一一五一）
南宋女詞人。所作詞前期多寫
悠閒生活，後期多悲歡身世。
格調典雅，反對以寫詩法作
詞。有《漱玉詞》輯本。

■紫式部
　　（約九七八—一〇一五）日
本文學家。所作《源氏物語》
五十四卷，描寫皇室青年源氏
的愛情和政治鬥爭生活。對日
本文學乃至世界文學有深遠影
響。

燒製透明的青瓷成名，弟弟則為燒不出傑作而大傷腦筋。一天弟弟為了得知哥哥燒窯的秘方，就將尚未完全冷卻的哥窯打開，冷氣流入了窯內，使瓷器表面出現了無數細小裂紋，這就是傳說中哥窯瓷器產生被稱為開片的細小紋理的緣故。故宮博物院內也收藏著許多哥窯的傑作，其中之一便是南宋哥窯的弦紋瓶，表面上有縱橫的裂紋，略粗的黑線裂紋間還有金黃色的細線裂紋。另一件是哥窯花口瓶，是用綠顏色加了工的幾塊刻痕，表現著花的形象，灰青花式碟表現著盛開的菊花。工匠們的技術競爭，孕育出了歷經千錘百煉而換取來的文雅別致的珍貴文物。「哥窯」在中國瓷器發展史上佔有重要地位，與鈞窯、汝窯、官窯和定窯一起，並稱為宋代五大名窯。

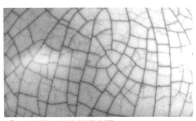

⬆ 南宋哥窯的弦紋瓶表面

⬆ 哥窯花口碗

⬆ 文丞相祠

　　南宋時期是一個闊步邁向海外的時代，對外貿易支撐了南宋經濟。但不久以後，北方出現了蒙古族建立的政權。在蒙古族強大的軍事力量面前，南宋朝廷節節敗退。西元一二七九年，南宋末代小皇帝被宰相陸秀夫背起投海，以身殉國。南宋一百

⬆ 南宋文天祥《木雞集序卷》

↑ 文天祥

↑ 文天祥留下的硯臺

五十年的歷史就此結束。

瀕臨滅亡時，宰相文天祥率領義勇軍堅持奮戰，身落敵手的文天祥被遣送元朝大都，蒙古大汗忽必烈看中了文天祥狀元及第的才華，苦費口舌，有意賞賜宰相之職，但這一切卻未能改變文天祥的愛國之心。在關押文天祥的監獄牆壁上刻寫著文天祥遺留下的《正氣歌》，三年的監獄生活並沒有把他壓倒，「天地有正氣」、「沛然塞蒼冥」的詩歌歌頌了儒教社會之理想，表明了文天祥無法容忍元朝統治的內心世界，最後堅韌不屈殉死於此。在文天祥留下的遺物中，有他生前喜愛的硯臺，硯臺上刻著文天祥的名字，硯臺側面刻寫著「用墨如煉心」的文字。文天祥將漢民族的理想世界寄託在自己的文章之中，確信自己的心願將被後人所繼承。

世移時易，數百年輕過，孕育於錦繡江南的南宋藝術至今仍為人們深深地喜愛著，金戈鐵馬猶在耳際，那個動盪的時代，那段

第八章 西夏王朝

燦爛的回憶，軍事的孱弱與文化的繁榮，這種奇異的現象仍然令人沉思。

　　西元一○三八年，在中國的西北部出現了一個以黨項人為統治民族的王朝西夏。它以弱小的勢力，先後與同時代的北宋，以及遼、南宋、金兩次形成三足鼎立局面，並將自己的政治、經濟、文化，在短時間內迅速推向了頂峰。然而，隨著成吉思汗率領的蒙古鐵騎長達二十多年的戰火蹂躪、軍事征服，和突如其來的地震等自然災害，使得這個立國達一百九十年之久的王朝，在很短的時間裏，曇花一現般消失在歷史的塵煙中。

`<1>` 解讀西夏王陵

　　一九七○年初春，一位陝西考古工作者乘車經寧夏前往內蒙阿拉善的途中，看到距銀川市不遠的賀蘭山下，分布著一片高低不同的黃色土丘，他當時認為這大概是史料中缺少記載的唐代陵墓群。此後不久，他將這一發現告訴了寧夏考古工作者，但因沒有實物證明，這一信息當年並未引起寧夏考古界的重視。

↑ 西夏王陵最早出土的石刻雕像

　　這片黃土丘，當地的老百姓一直稱它為昊王墳。有人曾考證過，老百姓所說的昊王墳的昊字，就是西夏開國皇帝李元昊的昊，還有民謠流傳，說昊王墳內，方圓四十步，金銀兩大庫，要想庫

↑ 西夏王陵承載石碑刻文的人像石碑座

門開，必等元人來。民謠歸民謠，也只是說說而已。許多年來，就這片陵墓群的歸屬，至少在上個世紀七〇年代以前，除老百姓口頭傳說外，史學界和考古界從沒有過明確的定論。

一九七一年冬天，寧夏駐軍某部，為完成戰備訓練，在陵區內開挖戰壕，當挖到地下一米多深時，翻出了不少刻有奇怪文字的殘碑碎片。消息傳到寧夏博物館考古工作隊，時任隊長的鍾侃，帶人趕到現場，當看到那一塊塊殘碑上的文字時，鍾侃震驚了，這是早已消失在歷史中的西夏文字啊。

寧夏博物館原館長、研究員鍾侃：西夏文字呢，我認識，但它的意思不太清楚，發現文字以後，就可以肯定，賀蘭山下面的所有陵園，都應該是西夏時候的陵。

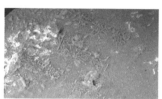
⬆ 石雕上的西夏文字

這個發現非同小可，但僅以此來確認陵墓的歸屬，證據還顯不足，出於謹慎，當年寧夏考古工作隊，迅速組織人馬開赴陵區，對這片陵墓群，進行了有史以來，首次真正意義上的考古發掘。在戰士們曾挖出殘碑的周圍，他們很快找到了一千七百七十五塊刻有西夏文字的殘碑片。儘管這些碑片破碎程度異常嚴重，大多只有不足拳頭大小，但經過考古工作者的精心拼對，一個由十六個字組成的殘碑，最終揭開了這片陵墓群神秘的面紗。

⬆ 西夏王陵遺址

⬆ 西夏王陵墓室結構圖

寧夏考古研究所副所長杜玉冰： 有一塊西夏文的十六字碑額，碑額就是在碑的上面的部位。這十六個西夏字翻譯過來以後，意思是「大白上國，護成聖德，至懿皇帝，壽陵志文」。所謂至懿皇帝壽

⬆ 西夏王陵復原模型

陵，我們通過文獻檢索，確定它實際上就是西夏第五代皇帝李仁孝的墓。

李仁孝是西夏在位時間最長的一個帝王，即五十四年之久。殘碑的顯現，爲解讀這片陵墓的歸屬，邁出了關鍵一步。考古工作者，還就碑額所提供的線索，查閱了地方誌，明代《寧夏嘉靖新志》對西夏王陵做了簡單記載。通過分析、考證，最終確認這一片陵墓群就是早已消失在中國歷史中的西夏王朝陵園。這是一九七二年的八月，此時據西夏王朝的滅亡，已過去了整整七百四十三年。

這是一片恢宏的陵墓建築群，在賀蘭山東部，由近五十多平方公里的緩坡築成。高低不同，錯落有致地分布著二百多座大小不一的古墓，遠遠望去，星羅棋布，蔚爲壯觀。陵墓三五成群地組成了一個個完整的建築群體。陵園背後，是淡紫色、重疊起伏的賀蘭山脈，正東是視野開闊的銀川平原，整個陵區渾然木訥，顯示出內力豐厚的歷史沉澱和粗糲本色，讓人產生心靈的貼近感，然而當你走近它們，一座座陵墓卻是傷痕累累，廢墟一片，到處都是殘磚碎瓦。陵台四周，從上至下，一個個排列有序的黑洞，似乎在不停地向來人訴說著，曾發生在它們身上的那些數不清的悲愴故事。陵墓前一個個巨大的道坑，更是讓人浮想聯翩。放眼望去甚是荒涼……

杜玉冰： 我們發掘殘碑片，幾乎從地表層到地下的每一層都有存在。只不

⬆ 西夏王陵遺址

⬆ 西夏王陵復原模型 陵台偏向西北角

⬆ 從空中俯看的西夏王陵遺址

⬆ 西夏王陵復原沙盤

過帶有文字的已經被人揀光了，留下的是一些沒有文字的砂岩塊，文字比較多的常常都是在地下。

↑ 西夏王陵遺址

據《寧夏嘉靖新志》記載，賀蘭山下，西夏王陵的建道行制，是仿製河南鞏縣宋陵而作，這個記載，應該說將西夏王陵的基本形式，做出了準確概括。但是之後的整個挖掘考察過程中，卻揭示出了與宋陵越來越不相同的內容。這就如西夏文字，初看像漢字，細看一個不認識。當一個個令人驚異的發現，陸續呈現在考古人員和史學家的連他們自己也是一臉的茫然。怎麼會是這樣？這是他們在現場經常發出的感慨。

當年在對西夏王陵的發掘清理中，最早出土的是三尊面目恐怖的石刻雕像，這些雕像有男有女，個個顴骨高突，鼻樑粗短，獠牙外露，手腕和腳脖處，都帶有圓環。女性那一個個裸露著隆起而觸地的乳房，幾乎佔據著頭部以外的大部分空間，此類石雕，在國內屬首次發現，當時並不清楚它們最初的作用與功能。之後，隨著發掘清理範圍的擴大，出土數量的增多，其中一尊石雕上，出現了西夏文字，才道破了天機。原來這是承載石碑刻文的人像石碑座，也叫碑礎。

杜玉冰： 它實際上是一個浮雕，我們認為它可能是一個力士形象，所謂力士，在佛教裏講，它是在佛死的時候，為佛抬棺材的，它力大無比，它隨佛教傳入中國以後，凡是要出力的地方屢往往都有它出現。西夏陵的每個碑亭的碑座，幾乎都是四個力士的方尊似的碑座。

其實這種石碑座，與中原地區人們常見的馱碑的贔屭，俗稱馱碑龜的作用是相同的，但是馱碑龜的龜背上，早有承載石碑的凹槽。而在西夏王陵發現的碑礎上方卻是一個完整的平面，加上陵區內見不到完整的碑體，讓人無法想像，當初這個碑礎是如何與碑體結合在一起的。和漢傳、藏傳佛教中金剛力士形象不同，西夏人塑造的石像，很

明顯帶有游牧民族崇尚的原始宗教的特徵。不知道這是他們有意識地
將佛教本土化，還是尚未完全脫離原始宗教信仰的痕跡。總之，隨著
挖掘的深入，諸如此類的謎，越來越多地縈繞在考古者心頭。

　　大概涉足過西夏王陵的人，都有過這種感覺，那些被稱爲陵的黃
土包和平時見到的墳丘，沒什麼兩樣，只是顯得高大了一些而已。其
實不然，根據專家考證，它原本的形式，並非如此，而是一個個掛滿
琉璃的寶塔式建築。名爲陵台，又稱封土，屬陵城內的主體部分。傳
統的喪葬習俗，一般墓穴應當是在封土的正下方，可西夏王陵卻獨出
心裁，它的墓穴並非置於封土之下，而是遠在封土正前方，這種現
象，是西夏少數民族傳統的喪葬習俗，還是爲防盜墓刻意的安排，並
沒有任何文字記載。目前仍處在推測之中。

　　通過復原的西夏王陵模型，我們可以看到它的基本形制和宋陵有
相似之處，都是由陵台、獻殿、內城、月城、碑亭、闕台、角樓，以
及陪葬墓組成，不同的是西夏王陵內的地面建築，大多都是塔式，這
與中原地區的唐陵、宋陵，有著本質上的區別。

　　鍾侃：西夏陵的陵台，根據我們發掘的情況，它在墓室的喉頭，
離墓室還有十幾米的距離，在墓室的背面，即西北面，完全是和西夏
的宗教信仰有關係的建築。它的外形也是很不一樣，都是八角形，它
的級數和佛教經閣的佛塔差不多，都是奇數，也就是七層。最低的可
能是五層，好像是五級，五、七、九、十一，都是奇數。根據三號陵
的情況來看，它每一層都有襯簷，簷上都有瓦，像現在的六合塔，外
形就是那個樣。實際上它就是個塔，佛塔。這一點來講，和漢族的，
如和唐陵相比、和宋陵相比，那是有很明顯的區別，它有它自己的特
點。

　　在對西夏王陵的發掘清理中，考古人員還發現了另外一種國內其
他陵園不曾有過的奇怪現象，那就是西夏王陵的陵台不居中，偏離陵
園的中軸線，位於陵城的西北角。

　　寧夏博物館副館長、副研究員吳峰雲：　中國古代建築最講究的是
對稱。一般以中軸線爲中心，兩側的建築都要非常對稱，這是中國古

代建築最顯著的特點。但是西夏王
陵，是在對稱當中找不對稱，整體看
起來很對稱，但實際上有些地方又不
對稱，不完全對稱。像它的碑亭，有
的就是這邊兩座，另一邊一座，這就
形成數量上的不對稱。另外還有大小
上不對稱，仍以碑亭爲例，這邊是個
大碑亭，那邊又是個小碑亭。在所有

↑ 西夏背壺

的西夏帝陵當中，陵台都沒有放在中軸線上，而是偏向了西北角。

　　就西夏王陵主體建築偏離中軸線的現象，專家們有多種說法。多
數認爲，中國古代許多游牧民族，崇奉薩滿教，他們認爲中間是神靈
之位，人應當有所避諱，即使是君主，以及他死後的陵墓，也不能佔
居正中，因爲那是主神的方位。但也有人推測西夏王朝起源於西北，
又強盛於西北，在西夏人看來，西北是吉祥之地，所以它的陵台，偏
向西北角，又圖吉祥之意，但到底哪種說法更準確，目前意見各執一
詞，莫衷一是。

　　皇家陵園的「石像生」(陵墓前安設的石人、石獸，統稱「石像
生」，又稱「翁仲」，其作用主要是顯示墓主的身分等級地位，也有驅
邪、鎮墓的含義)，自東漢創制以來，其位置均列於陵園正門外的神道
兩側，呈夾道之勢，這是中國許多皇家陵園中，常見的建造形制。早
已隨著陵園的毀壞而消失的，如今已見不到蹤影的西夏王陵「石像
生」，根據發掘的痕跡表明，初建時則全部擺放在陵城內，這更爲唐

↑ 西夏文錢幣

陵、宋陵所未見。

　　吳峰雲：它不像唐陵、宋陵，御道非常長，有的有十幾里遠。西夏陵從闕台開始，就進入陵區了。闕台後面，是碑亭，碑亭的背後，就是月城。它的「石像生」就放在月城的兩側，有兩排，也有三排，這樣的話，它就減去了一個很長很長的御道，顯得這個陵園就特別緊湊。西夏王陵首先在外部形制上緊湊簡潔，在喪葬方式上，也似乎顯得很簡單，甚至簡陋。至少這是截至目前為止，西夏王陵所顯現出的特徵之一。

　　人類的喪葬習俗，始於舊石器晚期，之後經歷了漫長發展過程。西夏雖然處於中國陵寢制度的成熟時期，但它的陵寢墓室，卻遠不及中原王朝。就目前發掘的情況看，西夏王陵的陵寢墓室，均是人為掏製的土洞墓穴，無一磚石結構。更令人不解的是，在簡陋的墓室內，很少發現有貴重的陪葬品。這是早先被盜的結果，還是原本就這樣？對這個未解之謎，專家有著截然相反的兩種看法。

　　中國社會科學院民族所研究員白濱：它的殉葬品，不能跟中原王朝的帝王相比。它的主要原因，還是窮，它不能弄得像中原王朝一樣。儘管它經常跟宋朝交換物品，但從出土的文物看出來，那也只是老百姓民用的一些東西。儘管帝王之家肯定有些好東西，但不像中原帝王那樣豐富，或者說東西不是怎麼貴重。從現在發現的東西，還不能說明它是厚葬的。

↑ 西夏銅頭盔

　　對白濱的這一說法，有的專家持不同意見，他們認為西夏與宋、遼同處一個時代，不可能不受到厚葬習俗的影響。之所以沒有發現多少精美的隨葬品，主要原因極有可能與盜墓有關。這種說法，不能說沒根據。就目前發掘的情況表明，陵區內的陵墓幾乎座座都有被盜痕跡，而且它的施盜絕非一代人所為，應該是幾百年來，不間斷地盜掘行為所造成的。一九七六

年，在一個陪葬墓裏，就發現了三具
骨架。據專家分析推測，其中一具是
墓主，另外兩具頭部有明顯被砸痕
跡，這就很有可能是早年盜墓者發生
內訌所致。

杜玉冰： 有句俗話講，打虎親
兄弟，上陣父子兵。這句話，如果在
盜墓這個問題上，我覺得反映最深
刻。過去講這個盜墓一個人幹不成，
時候工程量比較大，要從底下把東西
都運上來非一個人能夠完成，但是結
夥呢，就非常講究，甚至於什麼甥
舅、兄弟都不可以，非要父子搭檔，

↑ **敦煌第321窟主室西壁**：迦陵頻伽

然後父親必須在上面，兒子還必須在下面，否則的話，一旦看到利
益，人們的那種殘忍的本性，就有可能暴露出來，底下這人就有可能
沒命了。我們所看到的那兩具骨架，死在墓室裏的這兩個人，實際上
都是因爲上面的人把盜洞填住了，然後這兩個人逃不出去了，並且在
這之前，上面的人可能還扔過石頭，這就是造成頭骨小洞，包括頸椎
骨折這樣情況的原因。

到底哪種說法更合理呢？西夏王陵果眞因爲國力不強而推行薄葬
嗎？事實上似乎並非如此。

在對西夏王陵的整個挖掘清理過程中，考古者一直有個從未實現
過的心願，那就是希望能打開一個完全未被盜掘過的陵墓。一九七七
年二月，機會來了，他們懷著這個心願，將目光聚焦在了陵區內的一
座陪葬墓上。原因是通過對地表的分析和判斷，此墓沒有發現被盜過
的痕跡。發掘工作從這一年的春天開始，那是一次漫長的挖掘過程。
前後經歷了春夏秋三個季節。七個月後，當墓門終於被打開，突然出
現在墓室斜角的盜洞，一下讓在場的所有人都失望了，這顯然是一座
沒能逃脫劫難的墓。心灰意冷的考古人員，只得進行一些常規的清理

工作。幾天後，奇蹟出現了。一尊造型精美的鎏金銅牛，從黃土和沙石中慢慢地顯露出它的原形。

　　吳峰雲：　先出的就是銅牛的兩個犄角，因為它最高。清理的時候，出現兩個犄角。剛出現犄角的時候，看不出它是什麼東西。但感覺到，這可能是件青銅的東西。越往下清理，它的脖子、頭就露出來了。這時候感覺到這件東西，可能是一件比較好的文物。所以清理的時候，也比較仔細。等到大部分都清理出來的時候，就看出來這是一件非常大的銅牛，幾乎和真牛差不多大，而且通體都是鎏金的。

　　這尊已被國家定為一級文物的鎏金銅牛，身長1.2米，體重一百八十八公斤。通體鎏金，造型生動，形象逼真，在國內屬首次發現，是一件無可置疑的國寶級文物。

　　與鎏金銅牛一起重見天日的，還有一件與銅牛大小相近的石馬，這兩件文物，為什麼能在這座被盜的陵墓中，完整地保留下來呢？

　　吳峰雲：　西夏墓的封門，是先用木板封，把一塊塊豎的木板封上，外面再用大石頭壘砌起來，這樣時間久了以後木頭就朽了，木頭一朽，石頭對它有壓力，木門上的土就垮進去了，這樣一來就把這兩件東西給壓住了。為什麼這兩件東西沒有被盜走，就是被土壓上的時間，肯定要早於盜墓的時間。所以我判斷這座墓被盜時間，應該在元代的中晚期以後。

　　鎏金銅牛，讓人很難不產生這樣的聯想，僅僅是在這樣一個陪葬墓中，而且又是在一場洗劫之後，尚能保留下如此精美的隨葬品。西夏王朝，該會有多少精美的珍品呢，也許超乎我們的想像。

　　雖然歷史上的數次盜掘，給考古工作留下了痛心的遺憾，但是西夏王陵，似乎從未被徹底摧毀，在它的更深處，奇蹟還在繼續出現。二○○○年五月，考古人員在對編號為三號陵的陵城東南角進行清理時，在地下五十釐米處，發現了一個直徑十多釐米，具有佛像特徵的實心灰胎佛頭。之後的幾天內，又斷續挖掘出幾個類似的佛頭和其他一些部位的殘件。因缺乏整體感，現場的考古人員並不知道這為何物。當年九月，地面清理轉移到了該陵的東門，就在這裏，一個大體

完整帶有翅膀、造型獨特的佛像，被清理出來。當時在場的寧夏考古研究所副所長杜玉冰女士，根據自己學術上的積累，確認此物名爲「迦陵頻伽」。

杜玉冰： 作爲墓葬挖掘出土這是第一次，但是作爲建築構件出土，大概在河北的觀台磁州窯，出土了很多，形象和這個不太一樣。但它是作爲建築的一種裝飾物，出土在燒製的現場。

迦陵頻伽是古印度語梵語的音譯，傳說這種人面鳥身又被稱爲妙音鳥的迦陵頻伽能呼風喚雨，是佛教裏的一種鳥神，專爲弘揚佛法而創制。佛教傳到中國後，在西藏包括西夏境內，尤其得到發展。有意思的是，西夏王陵出土的二百多個迦陵頻伽不管是灰陶的還是琉璃的，原本高大的鼻尖不知爲什麼在出土時許多都被人爲地按了下去。究竟是什麼原因，讓迦陵頻伽改變了它原來的形象？有這樣一種美好的說法： 從印度傳來的佛像，原本是一個長著翅膀的印歐人種女子，有著高大的鼻樑，而西夏的工匠們，卻希望這種能傳播福音的鳥神，應該是一位美麗的西夏姑娘，於是將他們清晰的拇指螺紋，永遠地留在了一個個迦陵頻伽的鼻尖上。

迦陵頻伽作爲建築構件，出現在西夏王陵，這說明唐宋時期，佛教在中國的世俗化，使得許多被賦予神的化身的崇拜物，已走出了佛經故事，而作爲一種藝術題材，被廣泛應用。

在國內的其他一些王陵，墓葬的歸屬，大多是各有所主。西夏王陵卻不然，目前除七號陵，根據那塊十六個西夏字的殘碑，確認出墓主是西夏第五代帝王李仁孝外，其餘八座陵墓和眾多王公大臣的陪葬物，而無法確定墓主的歸屬。對這一點，當地的老百姓一直流傳著這樣一種說法。當年李元昊死後，爲防盜墓，有意布陣，自他死之日，天天出殯，天天埋人，共出了三百六十五天殯，埋了三百六十五個墳。誰也說不清楚，哪裏埋的是李元昊。如今被認定爲李元昊陵的三號陵，也只是根據它的高大和在整個陵園中所處的位置，推測而來，並無確切實物證明。而且陵園中現有的二百多陵墓

編號，和三號陵一樣，基礎統統建立在推測之上。

鍾侃：西夏陵和我們中國的其他歷代皇帝陵比較，有一個很特殊的情況，就是西夏這個陵的毀壞相當厲害。比如關中地區的唐陵，歷代的碑基本上都有。西夏陵則從西夏滅亡以後，被毀了以後，後代再也沒有人立過碑，所以對哪一個陵是誰的，沒有留下任何的記載和碑文的憑記。

隨著考古工作者對西夏王陵挖掘的深入，明顯感覺到王陵的被毀程度，是歷史上一次罕見的破壞行為所造成的。到底是誰，與西夏有著如此的深仇大恨，造成了王陵最終毀滅的是誰？專家分析，不管是從時間、地域，還是歷史條件上，都極有可能是蒙古大軍所為。

白濱：這也可以說是一種政治性的報復，為什麼殘碑碎成一塊一塊的，我們就推斷，那是人工破壞，一般的一塊碑，我給你拿東西呀嚓砸幾截算了，給它砸成一塊塊的，得費多大勁，推測是一種政治性的報復，你的典籍，你的文獻，該燒的我給你燒了，廟該拆的也拆了，碑該打的打了，人該殺的也殺了。當然人畢竟是殺不完的，所以一般地說，成吉思汗的大軍橫掃這裏的時候，進行了大量破壞，根據推想就是進行了比較強的政治性報復。

史料記載，六次征西夏的蒙古鐵騎，曾三次到達賀蘭山下，西夏王陵是途徑西夏國都新慶府的必經之地。一向以變詐多端的外交手段求生存，一次給蒙古大軍入主中原帶來麻煩的西夏王朝，在被蒙古軍隊最終征服後，其陵園很可能成為他們發洩的對象。另外一個就是成吉思汗，死於征討西夏的戰爭期間，這也可能是給西夏王陵帶來毀滅性災難的重要原因。

白濱：成吉思汗在最後一次打西夏的時候，把城已經圍了，末帝叫李晛，已經沒辦法了，兵臨城下，最後答應投降。但要蒙古大軍給他一個月時間，他就獻城投降。這個時候成吉思汗在六盤山行宮病了，然後就死了，死之前成吉思汗就安排大臣、子孫對他的死要秘不發喪。說：等我死了以後啊，什麼時候李晛獻城投降以後，你們就把

他殺了。

假如成吉思汗的死，是西夏王陵遭滅頂之災的直接原因，解釋的問題，是否也與此有關呢？那就是西夏王陵中，少了兩座帝王陵。據史料記載，西夏共傳位十帝，除最後一任獻城投降的帝，被蒙古軍隊帶到成吉思汗的出身地薩里川祭殺外，其他九位，加上開國帝王李元昊的祖父李繼遷、父親李德明，都葬在了賀蘭山下的皇家陵園。如果是這樣，西夏陵區內就應當有十一座帝陵，才能對號入座，但截至目的，卻只發現了九座。有的專家認為，第八代、第九代帝王均死於一二二六年，此時正是西夏的戰亂時期，國家面臨災難，顧不上造陵，對此說法，有的專家持不同看法。

鍾侃：一個是德旺，一個是乾祐，這兩個皇帝，一個在位時間很短，另外一個距離西夏滅亡時間也很短。這兩個人，他的陵在不在西夏陵，我認為到目前為止，既不能作出肯定的結論，也不能作出否定的結論，根據我們和其他歷史時代的陵來對比，比方說明代，明代的最後幾個皇帝，仍然葬在十三陵，並不是說沒有陵。所以現在說，西夏的最後兩個皇帝沒有陵，結論還是有些武斷。

兩座找不到蹤影的帝王陵，到底哪裏去了，這也許永遠是個歷史之謎。西夏王陵就像整個西夏歷史一樣，完全是一部殘卷，面對這樣一個消失了近千年的王朝，如今人們對它留下的諸多歷史之謎，大多習慣於大概和可能的字眼。也只能憑想像，來憑弔它昔日的輝煌，因為它是西夏王朝留在黃土高原的最後符號。

<2> 戰爭中的崛起

在中國幾千年的歷史長河中，曾有過無數次的人口大遷徙，或

屯墾戍邊，或戰爭所致，西夏
的主體民族黨項人，同樣是經
歷了近百年的民族大遷徙，才
從中國的西南地區艱難地跋涉
到了西北黃土高原。其整個遷
徙過程，時間之長，經歷之艱
難，在中國歷史上，是罕見
的。黨項人，是中國古羌族的

↑ 四川西部的松潘

一支。祖先原居住在今天的四川、西藏、青海、甘肅等省區的黃河九
曲之地，他們世代逐水草而居，屬游牧民族。西元六二九年以後，黨
項族所屬的八個部落，在李唐王朝的軍事威懾下，先後接受招安，歸
順了大唐王朝，受封於今天四川西部的松潘一帶。唐朝初年，西藏吐
蕃王朝，進入了強盛的松贊干布時代。松贊干布，完成了青藏高原各
部落的統一後，開始了強有力的軍事擴張。李唐王朝以和親手段，取
得了與吐蕃的和睦相處，並誕生了傳誦千古的關於文成公主下嫁松贊
干布的故事。

　　吐蕃對其家門口弱小的黨項人，卻沒那麼客氣。在擴張中，不斷
地進行擠迫、侵擾。黨項人的生存受到嚴重威脅，不得不尋找新的生
存基地。七世紀中期，馱著帳篷，趕著牛羊的黨項人，從自己世代生
息、繁衍的領地出發，走上了漫長的舉族遷徙之路。他們經川藏邊
緣，沿著甘肅和寧夏東南部北上，為了謀求一席生存之地，沿途始終
與其他少數民族部落處在戰爭之中。最後在唐朝的允許和安排下，終
於落腳陝北橫山一帶的無定河流域。生活環境和生存方式的改變，使
他們由游牧文化，逐漸過渡到了農牧並重的文化。

　　唐朝末年，隨著大唐帝國國運的山河日下，雄踞在橫山以北的黨
項族的拓跋氏，憑著部落實力的日益強大，發展成為在陝北地區，擁
有地方武裝的政治勢力。

　　西元八八一年，黨項首領拓跋思恭，在配合李唐王朝鎮壓農民起
義中，作戰有功，被賜姓李，受封為定難軍節度使，並獲領地銀、

夏、綏、宥、晉五州，也就是今天陝北的橫山、綏德、米脂、定邊等地，從此形成了以夏州爲中心的地方割據勢力。

隨著北宋王朝的誕生，黨項人的命運又一次發生了戲劇性的變化。西元九八二年，宋太祖趙匡胤，吸取唐朝藩鎮勢力割據的教訓，開始著手削藩。時任夏州第九任定難軍節度使的黨項人李繼捧因繼承權造成的內部分裂和宋朝的削藩政策被迫入宋，獻出銀、夏、綏、宥、靜五州，並被宋朝賜趙姓。

就在李繼捧入奉獻帝之時，他十九歲的堂弟李繼遷卻不甘屈服，他以爲乳母送葬爲名，設計逃出已歸順北宋的銀州城，奔向了黨項人的聚居地鄂爾多斯草原腹地，就是位於今天內蒙古鄂爾多斯旗東北的地斤澤，叛宋自立，拉開了與北宋王朝的戰爭序幕。

李繼遷生於西元九六三年。史書記載，他少年老成，有勇有謀，以擅騎射，曉智術聞名鄉里，傳說他幼年就敢舉箭射虎，因此十二歲就被授予官職。在陝北橫山縣東南二十五公里處的一條山溝裏，至今有一個叫繼遷寨的山村，據說這裏

↑ 布達拉宮

↑ 唐代黨項人的生活畫面 1

↑ 唐代黨項人的生活畫面 2

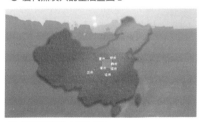

↑ 拓跋思恭勢力範圍圖

↑ 拓跋思恭出兵助唐鎮壓黃巢起義收復長安的畫面

⬆ 西夏遷徙圖

是李繼遷的出生地。當地人還傳說歷史上推翻明王朝的農民起義軍領袖李自成，也出生在繼遷寨。傳說是否準確，也無史料記載，不得而知。但這裏村民卻始終以這一傳說津津樂道。

村民：李自成就誕生在一個窰洞裏面，那個窰現在被壩淤住了，看不見了。這個地方在生了李自成以後，就有許多美麗的傳說，其中有一個傳說就是說李自成在誕生的時候，暴風驟雨，電閃雷鳴，這對老百姓來說，就是龍從天降的意思。

距橫山縣西南百里之遙的統萬城，坐落在陝北與內蒙古交界處的毛烏素沙漠邊緣，統萬城是西元五世紀北方游牧民族匈奴人首領赫連勃勃所築。當年赫連勃勃自認是華夏第一朝——夏朝夏後氏的後裔，於是自封大夏王，此後夏字便成爲這裏歷朝歷代的地名稱謂。

據當地村民講，夏州城就在這裏。

這裏曾是黨項人形成地方割據勢力的根據地，也是西夏初創時期的中心地正是這種原因，當年李繼遷對這裏情有獨鍾，爲收復失地，他在地斥澤召集到黨項兵馬後，曾在這裏與宋軍初試鋒芒，先後兩次率兵攻打夏州，並一度奪取了夏州。後來宋軍重佔夏州後，考慮到此

地戰事不斷，爲防後患，便下令毀掉了古城。加上西元一一四三年，發生在這裏的強烈大地震，地裂泉湧，震動不止，房屋倒塌，古城被徹底廢棄了。

↑ 陝北橫山無定河流域

↑ 李繼遷少年圖

　　當年失去夏州的李繼遷，迅速將戰略眼光投向了夏州以北近二百公里的靈州，也就是今天的寧夏寧武市，歷史上的靈州是古絲綢路上的重鎮，也是中原通往西域的咽喉地帶，農業文明十分發達。西邊的黃河，東邊的沙漠，構成了軍事上的天然屏障。對於李繼遷來說，佔取靈州，就可以西打吐蕃，北牽回鶻，然後向東發展，圖謀中原，更重要的是能以這裏爲跳板，向河西發展，達到佔據河西走廊的目的。

　　史金波：靈州的地位很重要，在唐朝的時候已經凸顯出來了。因爲當時安史之亂以後，唐肅宗就在靈武這個地方繼位，並且以此爲基地，把安史之亂給鎮壓下去了。到了宋朝的時候，李繼遷對這個戰略要地有必爭之勢，宋朝也有它不得不去死守的這樣一個苦衷。

　　西元一〇〇〇年二月，李繼遷在距靈州以東不遠的浦洛河，截獲宋軍運往靈州的糧草，切斷了靈州的生命線，隨即重兵攻打靈州。

　　在李繼遷率部圍攻靈州時，曾有過這樣的景象，靈州城下黨項軍隊大兵壓城外四周，卻在放羊牧馬，耕田種地。

　　史料記載，西夏軍隊不專設軍需後勤補給甚至連打仗使用的馬匹、兵器，都由士兵自備，遇到戰事，他們完全靠傳統的點集制度，在所屬部落中，聚集兵馬。

　　國防大學講師陳湘靈：這個點集制度實際上是一種民兵制度。一

般來說它的軍隊，保持在七十萬左右，如果遇到重大戰事，需要更多兵力的時候，就通過這種方式，把兵員給集中起來。爲什麼能夠在很短的時間，能夠做到這一點呢？這就是它亦兵亦民、既是民又是兵的政策結果。如果沒有這種制度做支撐的話，那麼就是說，你征來的也是普通的老百姓，也不能夠馬上讓他轉變成戰鬥力，所以從這一點來說，這一政策是很有特色的。

正是靠著這種獨特的軍事統治方式，當年靈州之戰，宋朝的六萬援軍還在行軍途中，靈州就早已失陷在黨項人的久困之下。佔據靈州後，李繼遷建都於此，號西平府，而後發兵河西走廊，涼州失陷。至此，一個以綏宥爲首，興靈爲腹，西涼爲尾的龐然大物，在宋朝西北方的黃土高原和瀚海沙漠中，顯現了出來。

正當李繼遷以武力手段，向外實施軍事擴張之時，意外發生了。西元一○一四年，這位一生慣用計謀的沙場老將，卻在涼州之戰中身受重傷，爲保住十多年來東征西殺得到的血本之地，李繼遷臨終前曾叮囑其子李德明，臥薪嘗膽，上表

↑ 統萬城遺址

↑ 黨項族聚居的地斤澤(今内蒙古鄂托克旗東北)

↑ 描寫李繼遷出生的畫

↑ 夏州遺址

↑ 李繼遷

宋朝請求歸順。這一年，李德明送走了父親李繼遷，迎接兒子李元昊的出世。李繼遷死後不久，李德明便與北宋王朝簽訂了以稱臣為主要內容的「景德和約」，此後換得了宋朝取消黨項人在宋朝境內買糧受限的規定，同時解除了黨項青白鹽輸入宋境當年在寧夏與陝西交界處所產的青白鹽，一直是西夏對外貿易交往中的一個主要經濟來源，所以北宋王朝一直扼制青白鹽入境當做遏制黨項政權經濟的一個手段。

⬆ 靈州

⬆ 李繼遷攻打靈州圖

白濱：整個李德明時期，它就不跟宋朝對抗了，我跟宋朝和好，我也從你那裏得到好處，給我歲賜，給我點錢，給我點東西，然後我們到河西走廊發展，打吐蕃，打回鶻，我把後方鞏固了。

景德和約後，出現了西夏少有的安定時期。正是這一時期，為西夏隨後的建國，奠定了基礎。當年表面上臣服於宋王朝的李德明，又得到了遼國契丹人的冊封，他利用宋遼之間的矛盾，左右討好，在夾縫中求發展，始終為建立王國，暗中實施著全面準備。

西元一〇二〇年，有著戰略眼光的李德明，又以一個美

⬆ 榆林窟第三窟鍛鐵圖

麗的傳說爲由，將都城由靈州遷往新建的興慶府，也就是今天的寧夏銀川市。

史金波： 在西夏遷都之前，曾經有個傳說，說在賀蘭山一帶，出現了一條龍的形象，這非常吉祥，所以要遷都，根本的原因，興慶（銀川）的地理位置非常重要。它面對黃河，背靠賀蘭山，東面有廣闊的鄂爾多斯草原，西邊有河西走廊，交通十分發達。另外黃河就在這附近，灌溉條件非常方便，發展農業，發展畜牧業，有很好的條件。

⬆ 寧夏鹽池

⬆ 李德明簽訂《景德和約》的場景復原圖

⬆ 簽訂《景德和約》後西夏人寧靜的生活

在李德明遷都的同時，李元昊已奉父命，將整個河西走廊，納入黨項人的版圖，西夏王朝初具規模。遺憾的是，就在李德明大業將成的時候，卻於西元一〇三二年病死於興慶府，西夏的帝王寶座與他失之交臂，二十八歲的李元昊繼承了父位。

也許是黨項人不平凡的經歷，鑄就了李元昊生性好強的個性。這位少年時代就隨父馳騁疆場、精力過人的英雄人物，在其父李德明死後，用了六年時間，繼續爲建立王國做準備。爲了突出自己民族的鮮明特色，他首先強制推行了與中原漢人髮式不同的禿髮令。他重新改革制度，設官立爵，建立文武班，改中原的九拜爲三拜。爲了強化軍事上的統治，他還在其境內，建立了具有軍事功能，相當於今天軍區性質的十二個監軍司。

陳湘靈：監軍司與過去的部落有所聯繫，是在過去的基礎上建立的，因此它既保證了過去那種紀律好的傳統，同時它也能夠選拔最優

秀的士兵，從各個方面來說，戰鬥力是比較強的。

應當說李元昊在建國前推行的所有措施，留給今天的恐怕也只有他在極短的時間內，以法律形式創制和推行的西夏文字，這對中國歷史文化，至今都是一個貢獻。

形式優美的漢字，由象形文字演變而成，這期間經歷了相當長的發展歷程，借鑒漢字創立的西夏文，卻在短短十年之間，達到了廣泛運用的程度。西夏文六千多個字，和漢字一樣，同屬方塊形狀的表意文字。它筆劃繁多，字形飽滿，雖然複雜，卻有規律可循，語法結構多爲倒裝句。

寧夏社會科學院名譽院長、研究員李範文： 它的語法結構和漢語的語法結構不一樣，這也是它的一個難點吧。一般的形容詞都在名詞的後面，動詞都在名詞的後面。

由於以往發現的西夏文，主要用於記錄佛經，因此有人懷疑西夏文是一種宗教文字，根本沒有實用性。其實不然，兩份至今珍藏於俄羅斯的西夏世俗文書，推翻了以上的假設。一份是民間契約，說的是一位寡婦，爲了女兒出嫁，用自己的幾塊零散地換了別人四頭駱駝，爲防當事人毀約，立約爲證。而另一份，則是一位名爲馬仁勇的黑水守將，請求調回原籍的報告，他聲稱自己在黑水城任職多年，家卻一直在西夏的鳴沙，七十七歲的老母無人照看，請求調回原籍，他說此事以前也多次請求過，但與上司有矛盾，一直未得重視。這些氏族文

↑ 李元昊圖

↑ 李元昊模型

↑ 髡髮西夏瓷人

書，準確地反映出西夏時期的社會狀況，從目前掌握的情況看，西夏文還是中古時期中國使用時間最長的少數民族文字。從創制到消失，經歷了五百多年。

西元一○三八年，李元昊圓了幾代黨項人的夢想。在興慶府登上了國王寶座，立國號為大夏，並且去掉了唐宋王朝的賜姓，恢復了黨項姓氏，字型大小嵬名氏。因為元昊建立的大夏國，在中原以西，西夏的名稱也由此而得。此時他的疆域，已是東近黃河，西見玉門，南結蕭關，北控大漠，面積達一百多萬平方公里，西夏王朝迎來了它的第一個輝煌時期。

西夏的建國過程，也就是其勢力範圍不斷向西擴展的過程，建都興慶府正是西夏政治、軍事實力向西擴張的重要標誌。從地形圖上看，西夏境內三分之二是沙漠戈壁，整體的環境比較惡劣。但河西走廊、河套地區，以及陝北橫山一帶，卻宜農宜牧，尤其是在唐代，就有塞北江南美譽的寧夏平原，為西夏的統治，提供了物質保障。境內的沙漠、戈壁，在軍事上，又成為進攻者難以逾越的天塹，西夏對

⬆ 西夏世俗文書 寡婦嫁女

⬆ 西夏文字拓片

⬆ 西夏文字佛經

⬆ 西夏朝廷

⬆ 李元昊登基圖

西北廣大地區的統治，實際上阻斷了西域和中原王朝以河西走廊為紐帶的聯繫。

史金波：西夏這個民族，崇尚武力，能打仗。而它的軍事組織，也很適宜打仗，比較靈活，所以它的軍力比較強。跟它相對的宋朝，這個中原王朝，從歷史上來講，它是比較孱弱的一個王朝，而且宋朝北邊先有遼，後有

⬆ 范仲淹畫像

金跟它作對，所以它實際上沒有力量，把西北西夏地區統一起來，沒有這個實力，這樣就造成了西夏能夠在西北地方統治二百年這樣的一種事實。

當年建國後的李元昊，為得到北宋王朝的認可，依然採取了戰爭的手段。今天的陝北延安、古城延州，是宋朝邊境的軍事要塞，也是西夏出入中原的捷徑，因此成為李元昊進攻的第一個目標。西元一○四○年正月，元昊大兵壓境延州，戰前他先派部眾，向宋軍詐降，然後趁其不備，攻克通往延州的要塞保安，進而又發兵宋糧草入營金銀寨，攻下金銀寨後，元昊揮兵南下，直逼延州，宋軍守將大為驚恐，慌忙調集援兵急救，此時李元昊卻在宋軍援兵的必經之路，距延州不遠的三川口設下埋伏。待宋軍誤入後，將其圍而殲之，接著元昊陳兵延州城下，延州危在旦夕。幸好天降大雪，夏軍缺少禦寒衣，元昊

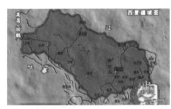

⬆ 西夏疆域圖

⬆ 三川口之戰示意圖

⬆ 寧夏天都山

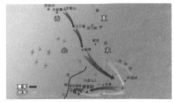

⬆ 好水之戰示意圖

才搬兵回師,延州解圍。

陳湘靈:這個戰例典型在什麼地方呢,就是從這個戰例中可以看到元昊用兵的一些特點,他怎麼麻痺對方,怎麼使用間諜,從內部攻破,怎麼通過調動敵人,然後把你的守軍調動出來,調動出來之後,又通過伏擊的手段,最後消滅你,這個手段還是非常高明的。應該說他對中國古代兵法的使用,不亞於漢將的應用水準。

↑ 好水之戰遺址

↑ 描寫李元昊沉湎於酒色的圖畫

范仲淹可謂是中國歷史上一代名臣,他的「先天下之憂而憂,後天下之樂而樂」一直為中華民族為官做人的座右銘,但當年他在與李元昊的交戰中,曾幾遭朝廷責難,險些丟官。三川口之戰結束不久,宋朝派范仲淹任延州知州,與宋將韓琦,共同執掌與西夏作戰的兵力。范、韓到任後,加強了延州一帶的防禦,李元昊見延州不可取,又聲東擊西,在距延州西幾百里之外,於宋交界的天都山點集兵馬。

位於寧夏海原縣境內的天都山,當年是連接中國腹地和中西亞交通的重要通道。西夏統治者曾在這裏設立稅務機構,對來往的商客實行稅收,每年數額很高的稅收,源源不斷地填充進了西夏的國庫。特殊的地理位置,使這裏成為宋夏爭奪的戰略要地。對李元昊來講,佔據這裏,就等於守住了與宋軍為界的天都山軍事屏障,保住了經濟命脈。正是出於這個目的,西元一〇四一年,李元昊在距天都山不遠的好水川擺兵布陣,和宋軍展開了一場殘酷的戰爭,史稱好水之戰。

當年追殺李元昊的宋軍將領任福,因戰前不聽韓琦的勸告,貪功冒進,正好被元昊所利用,他牽著任福,一步步進入了事先預設好的戰場好水川。待任福率軍到達,突然發現路邊有不少瓷盆瓦罐,突然

飛出了數百隻鴿子，準確地標明了宋軍的方位，西夏兵瞬息即至，大開殺戒，宋軍慘敗，數十名宋將，包括主將任福全部陣亡。這場戰爭，又是以西夏軍隊大獲全勝畫上了句號。

好水之戰結束後，指揮這一戰役的韓琦，和時任陝西經略安撫副使的范都被貶官降職。好水之戰，宋軍陣亡將士達數萬人，時至今日，古戰場的遺址上，堆堆白骨仍然隨處可見，當地人說這個地方陰氣太重，只要太陽一落山，連羊都不肯過去。

村民：古人說好水之戰，就是死的人太多，過去在這裏挖水渠的時候，到處都是人骨頭。發現了骨頭層，全是死人頭。

好水之戰，作為中國歷史上的一次典型戰例，至今還出現在中學生的歷史課堂上。

好水川之戰後的第三年，西元一〇四四年，西夏又與遼王朝就遼境內黨項民族的歸屬之爭，引發了河曲之戰，此戰元昊採取了堅壁清野、製造赤地、斷絕遼軍糧草的戰法，又大敗遼軍，也正是這一戰，奠定了西夏與宋、遼三分天下的格局。

↑ 昊王渠

史金波：前幾次西夏和宋朝打仗，宋朝想滅掉它，結果沒有滅掉它，它取得了一個和宋朝對等的地位。這一次，它本來是遼的屬國，遼也想滅掉它，遼也沒滅掉它，因此它又取得和遼對等的地位。這場戰役以後，實際上形成了宋遼西夏三足鼎立的局面。

當年李元昊在軍事擴張的同時，並沒有忽視發展獨立的民族經濟，他

↑ 銀川的承天寺塔

↑ 銀川古城六大城門之一的南薰門

在宜農宜牧的條件下，開始了精細的農業管理，在寧夏地區，不僅充分利用歷史上留下的漢延渠、唐徠渠，還新開挖了昊王渠進行農業生產。歷史以過去了幾千年，西夏王朝的皇宮殿宇已經失去了蹤影，只有昊王渠的渠水依然靜靜地流淌在賀蘭山下，灌溉著萬畝良田。

⬆ 李仁孝崇尚儒學的復原模型

⬆ 孔子被尊為"至聖文宣帝"

⬆ 李仁孝崇尚儒學的圖畫 1

⬆ 李仁孝崇尚儒學的圖畫 2

⬆ 天盛改舊新定律令

今天的銀川市，西夏時期的蹤跡，只留下了成批的承天寺塔，和城南的南薰門，其他

⬆ 番漢合時掌中珠

⬆ 百衲本番漢合時掌中珠

的都已經是只有地名而無痕跡。但街面上，冠以西夏名稱的商家商號、廣告卻鋪天蓋地。

李元昊可謂文治武功，前半生他東征西討，開疆拓土，尚武重法，愛惜人才，可是到了後半生，為維護手中皇權，他不惜濫殺無辜，甚至連自己的妻兒，也殘忍地處死。他沉迷酒色，荒淫無度，終因霸佔兒媳引來殺身之禍，一〇四八年元宵佳節的晚上，太子寧令哥為報奪妻之恨，將其父李元昊殺死在賀蘭山內的離宮中。

儒家鼻祖孔夫子當然不會想到，他會在一個以少數民族為主體的王朝，中國自唐宋以來，歷代統治者都封孔子為文宣王，唯西夏獨樹

⬆ 榆林窟第三窟釀酒圖

一幟，稱孔子爲文宣帝。西夏王朝在近二百年的歷史中，歷經十世，在位時間最長的第五代帝王李仁孝，酷愛中原文化，大力提倡儒家學說，形成以儒治國的濃郁氣氛，使西夏王朝出現了前所未有的盛況。中國中古時期，唯一保存完好的國家法典《天盛改舊新定律令》，中國第一本雙解字典《番漢合時掌中珠》，都是在這一時期修訂完成的。

這兩部至今保存於俄羅斯聖彼德堡東方研究所內的經典之作，稱得上是中國歷史文化給予人類的一大饋贈。

《天盛律令》分二十章一四六〇條，涉及到法律的各個方面。條文中從宰殺一頭耕牛，到鋸倒一棵樹，乃至損壞一棵秧苗，都有具體細密的規定，這和唐朝時期，以罰爲主的統治方式相比，《天盛律令》是一部與現實法律較爲接近，並且有人性化色彩的國家法典。

史金波：這部法典內容非常豐富，不僅內容豐富，它的格式也很新穎，它是大條下面有小條，小條下面有小款。這種法律形式，不僅當時是首屈一指，就是到了現在，我們看著都是非常新鮮的。在當時的國內外，還沒有這種法典形式。

與《天盛律令》並駕齊驅的是一部被稱爲能打開西夏歷史之門的鑰匙，由西夏黨項人編著的《番漢合時掌中珠》，這是一部用於漢族和黨項族互相學習對方語言文字的雙語雙解工具書。這種雙解雙語的詞語集在中國歷史上恐怕是第一部。不僅當時的西夏人可以憑藉它來學習另外的民族語言，就是漢人學西夏語也是一本很重要的工具書。即使到了現在，依然是我們解讀西夏語的一個非常重要的材料。

在人類歷史的發展進程中，興盛與衰敗的輪迴，似乎成了歷史發展過程中的一個必然規律。西夏後期，隨著王朝內部出現分裂，以及黨項人原有的尚武精神早已在尊儒與朗朗的頌經聲中大打折扣，這個統治了中國西北部近兩個世紀的少數民族王朝，開始走向了衰敗。是戰爭，將它最終深深地埋入歷史的塵埃之中。

<3> 寺塔林立的佛國

一九九〇年的多天，在寧夏賀蘭山北段的一條山溝裏，一座歷經滄桑的千年古塔，被炸倒在了盜寶罪犯的腳下。當考古人員隨聞訊而來的公安幹警趕到現場時，昔日高聳入雲的古塔，已經變成了一堆廢墟。廢墟下，若干件珍貴的西夏文物得以倖存，經考古人員清理，一套用西夏文印製的九卷本佛經《吉祥遍至口合本續》和其他幾件有價值的西夏文物，被拂去了歷史塵埃，展現在考古工作者面前。其中《吉祥遍至口合本續》文中，不該出現的倒字和邊緣不齊、線條不正等現象，引起了寧夏考古所研究員牛達生的注意，因為這是雕版印刷品不可能出現的錯誤。他的這一發現，為活字印刷最早出現在中國，找到了確鑿證據。

↑ 被炸毀的方塔

↑ 《吉祥遍至口合本續》

↑ 被炸倒塌的古塔中的西夏文物

↑ 畢昇像

↑ 方塔原貌

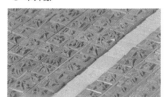

↑ 泥活字

　　寧夏考古所研究員牛達生： 古代
的印刷術，一個是雕版印刷術，一個是
活字印刷術。雕版印刷術，是刻在板上
的，不可能產生倒字，但是活字印刷，
跟現在的鉛字排版一樣，不小心就把字
排倒了。在這部經裏面，就有倒字。這
就可以證明，它是活字印刷，這是沒有
疑問的。另外的話，就是在古代，木活
字印刷排版的時候，每一行字，字行之
間，要有一個線條，要夾一個薄的竹
片，夾薄的竹片的意思，就是為了讓字

↑ 木活字

↑ 西夏廟宇

固定得更好，不至於來回擺動，但是這個竹片有時候夾得不好，翹
起來了，所以印刷的時候就把它印上了，這是我們確定這部經，是
木活字印刷最主要的一個根據。

　　約在西元一○四一年至一○四八年間，北宋時期平民科學家畢
昇用膠泥刻字，發明了省時省力方便快捷的活字印刷術。而後在畢
昇泥活字的基礎上，後人又創製出了木活字印刷，這些在宋人沈括
的《夢溪筆談》中，早有記載。然而到了二十世紀末，西方媒體卻
接二連三地報導，說世界十大科技發明之一的活字印刷術，是在十
五世紀德國的古登堡發明的。為還歷史的真實面目，多年來，中國
科學界一直在苦苦尋找早期活字印刷的實物。為活字印刷最早出現
在中國，具有正本清源的作用。一九九六年一月，文化部組織專
家，在北京對《吉祥遍至口合本續》是否是活字印刷，進行了鑒
定。鑒定的結果認定是木活字印刷術。

　　就在賀蘭山方塔被炸的前後，甘肅武威纏山村的村民們，在修
復祁連山北麓古寺漢姆洞的施工中，也發現了一批被壓在地磚下的

西夏文經書，當時村民們見上面的字一個不認識，怕招來災禍，於是就一本本地投向了火焰。僅剩的幾本，還是被一位老者藏在石縫裏，才得以倖存。其中一本有幸轉到了武威文化館原館長孫壽齡的手中。孫壽齡見到這本名為《維摩詰所說經》藏本後，驚異地發現，此經是古泥活字印本。為證實自己的這一發現，他經過三年努力，用自己燒製的泥活字，印刷出了與漢姆洞發現的《維摩詰所說經》近似的經書，從而以實物證明了《維摩詰所說經》採取的是泥活字印刷。

⬆ 北京圖書館所藏的《西夏譯經圖》

甘肅武威文化館原館長孫壽齡：當時我在整理中，認為是泥活字。為什麼為泥活字？我在初中時就愛刻枚章，那時候一開始在泥上也學著刻，一看有泥上刻字的特點，又和許多木字雕版印刷，即木活字印刷比較，一比較以後，越看越覺得不是木活字。像這個泥活字的最大特點，是一個方塊一個方塊地掏出來，如果一刀子連過去，燒出來就斷了，就用不成了。只有泥的才行。像這些捺，就是斷掉的，而木頭的就不會這樣斷掉。

⬆ 西夏所建的佛塔與寺廟 1

從目前發現的西夏文獻看，西夏時期的活字印刷，已達到廣泛應用的程度。那麼當年這些先進的活字印刷品實物，為什麼今天會大量出現在西夏故地呢？史料記載，西夏時期官府為了適應佛教的發展，曾先後六次向

⬆ 西夏所建的佛塔與寺廟 2

⬆ 西夏所建的佛塔與寺廟 3

宋朝贖取佛經，也許正是西夏向宋朝贖取佛經的過程中，活字印刷術也被同時傳入了西夏，這才使得西夏能大量地印刷、發行佛經，使佛教在西夏能夠得以弘揚和發展。

歷史上中國一部漢文大藏經，共有六千餘卷。它的翻譯中原地區用了近一千年的時間，而西夏則用自己剛剛創制的文字，僅用五十三年就完成了全部的翻譯。這種譯經速度，如果不是活字印刷術的傳入，恐怕很難做到。

↑ 甘州的大佛寺

史金波：在西夏這一朝，集中在五十多年時間，就翻譯出了這麼多東西，我想這種翻譯速度，當時在世界的翻譯史上，都是非常驚人的。

↑ 甘州的大佛寺內的臥佛

北京圖書館館藏的一九一七年出土的寧夏寧武縣的西夏文獻中，有一副珍貴的刻本《西夏譯經圖》，圖中刻有僧俗人員二十五人，定有西夏文提款，標明圖中人物的身分和姓名。這幅譯經圖

↑ 潘昶塔

上部正中坐著的高僧是西夏國師白智光，他身披袈裟，正在講解經文，旁列十六人為助譯者，其中八個僧人分別有黨項人和漢人。圖中左下方，是西夏第四代帝王秉常。在圖的右方，是秉常其母梁史皇太后，此圖形象真實地描繪了西夏時期，譯經的場面。

↑ 潘昶塔內發現的西夏殘經

史金波：西夏是篤信佛教的，同時我們也知道，宋遼金的皇室也都信佛

↑ 潘昶塔內發現的早期佛教繪畫

教,但是像西夏皇帝、皇太后這樣,親自到譯場當中來,來看佛經的翻譯情況,在歷史上恐怕還是第一次。這就說明西夏政府用它的權力,來推動西夏佛經的翻譯工作,推動西夏佛教的發展。

文獻記述,西夏時期僧人非常之多,在佛教最興盛時,西夏法律還曾限制過老百姓出家。但其統治者,卻始終投入大量的人力、財力,廣建寺院佛塔。一千年過去了,寧夏境內至今仍有大小佛塔四萬多座,被稱為佛塔的博物館。

史金波:西夏主要的信仰是佛教,信仰佛教要有活動場所,寺廟就成了主要活動場所。在很多地方,都建了寺廟,有的一個城市就建了很多寺廟。建寺廟的時候往往有一個塔,這個塔也是一個重要標誌。後來經過世世代代流傳下來以後,寺廟有時候就被破壞掉了,塔往往還被留著,所以現在見到的塔還不少。

時代詩人在遊歷西夏故地時,曾賦詩感慨,「名存異代唐渠古,雲鎖空山夏寺多」。在寧夏,至今分

⬆ 潘昶塔內出土的西夏文物

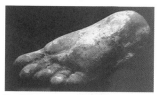

⬆ 潘昶塔內出土的西夏文物

⬆ 潘昶塔內出土的西夏佛像

⬆ 韋州鎮康濟寺塔

⬆ 康濟寺塔出土的西夏文物

⬆ 康濟寺塔出土的西夏文物

布在黃河兩岸的一些古塔，由於歷史上沒有留下準確的始建年的記載，致使一些西夏時期的佛塔，始終被披著元或明清的外衣，賀蘭山被炸方塔就是一例。此塔過去一直被誤以爲是唐塔。被炸後，現場除發現大量印有西夏人姓氏的塔磚外，殘存在廢墟中的塔心柱上，還明確無誤地寫有西夏年號，大安二年重修的墨跡，至此方塔才被脫去唐塔的外衣。

應當說，現存於在寧夏境內的四百餘座佛塔中，只有一座是歷史上就有定論他就是始建於西夏至今已有九百歷史的承天寺塔，又名西塔。傳說西夏的開國皇帝李元昊死後，他的私生子諒祚剛滿周歲，便登了基。元昊的地下夫人莫藏氏，爲保兒子聖壽無疆，役使兵民數萬，用了五年零七個月的時間，在新慶府建造了承天寺塔。當年承天寺塔，與位於河西走廊涼州的護國寺、甘州的臥佛寺，都是西夏時期著名的佛教聖地。至今，供奉在甘肅河西走廊張掖市，古稱甘州大佛寺內的臥佛，恐怕是中國歷史上留下的最大臥佛。

臥佛身長三十五米，肩寬7.5米，僅佛耳就二米多長，木胎泥塑，金裝彩繪，歷史上有關大佛寺的臥佛的建造，有兩種說法，多與西夏有關。一說是西夏乾順年間，有個名叫嵬名的和尚，在此處掘得古涅槃佛像後，於一〇九八年建寺；另一說是乾順自母親梁氏死後，

↑ 寧夏青銅峽一百零八塔

↑ 寧夏青銅峽一百零八塔局部

↑ 西夏境內帶有藏傳佛教痕跡的文物

↑ 涼州會盟舊址

常供佛爲母祈禱，當時僧人法敬聲稱，
甘州西南首郡山下，夜望有光，爲圖吉
利，乾順於西元一一〇三年在甘州建
寺。

位於銀川市城北三十里的賀蘭縣境
內，有一座許多年來一直呈倒塌狀的藏
傳密宗喇嘛斜塔，名爲潘昶塔，人們一
直戲稱此塔爲比薩斜塔。一九九〇年六
月，寧夏考古研究所在對這座建造風格
獨特的佛意外地發現，塔內藏有大量的
西夏文殘經和經文的彩拓佛像，以及罕
見的早期佛教繪畫等珍貴文物。這的確
是意外中的意外，事前沒有人會想到，
這座殘塔會藏有如此多的西夏文物。應
該說它是繼黑水城發現西夏文物後，又
一次重大發現。另外根據塔中文獻提供
的線索，此塔並不是人們一直稱呼的潘
昶塔，而叫宏佛塔，始建於西夏。

史金波：從聚集佛塔的情況來
看，表明西夏佛教信仰的多樣性。同
樣的佛教信仰，有漢傳佛教，有藏傳

↑ 賀蘭山岩畫 1

↑ 賀蘭山岩畫 2

↑ 賀蘭山岩畫 3

↑ 賀蘭山拜寺口雙塔

佛教。在塔的建築上，西夏人也吸收了漢傳佛教和藏傳佛教建築的
形式。這種建築構式是比較特殊的，我想也能夠看到，西夏人的勇
於吸收、勇於創新這樣一種民族風格。

如今經過維修的宏佛塔，依然屹立在原來的寺廟遺址上，但似
乎已失去了它原有的古樸。寧夏南部山區的同心縣韋州鎮，是個少
數民族聚集的地方。這裏的居民，幾乎都是信奉伊斯蘭教的回族。

就在這樣一個充滿了濃郁穆斯林宗教氣氛，清真寺隨處可見的區域內，卻十分搶眼地矗立著一座八角密岩式佛塔，名叫康濟寺塔。韋州是西夏時期的重鎮，但多年來，誰也沒有把這座塔與西夏聯繫起來，一致認為是明代所建。一九八五年，文管部門對此塔進行修繕時，在塔內發現了一塊方磚，拂去上面的塵土，顯落出了卻是有關西夏建塔的記載，正是這一塊方磚，替康濟寺塔驗明正身。之後考古人員又在塔的佛龕內，發現了許多西夏時期的佛教經卷、道教造像、漢藏文咒語等文物文獻。

史金波：西夏當時普遍信仰佛教，韋州也不例外，所以它的佛塔佛寺建築，可能也不是這一兩處，當時的韋州，它的民族構成，有黨項人，有漢族人，還有其他民族的人。但是到了元代以後，這個社會結構發生變

↑ 寧夏拜寺口遺址

↑ 賀蘭山拜寺口雙塔上的裝飾

↑ 雙塔中間類似佛頭的紅色岩石

↑ 雙塔腳下發現的排列整齊的方磚

↑ 雙塔腳下探方中發現的焚燒痕跡

↑ 雙塔腳下發現的排水暗道

⬆ 榆林窟第二十九窟西夏供養人群像

化了。元代以後，伊斯蘭教漸漸就進來了，回族逐漸形成了，特別是寧夏一帶回族比較多。經過歷史的發展，到了目前為止，韋州這個地區，也就是現在同心縣一帶，就成了回族比較聚集的地方了。

在黃河中上游青銅峽水利樞紐附近，峽口地帶的黃河岸邊，有一組奇特的佛塔建築群。人們稱之為一百零八塔。遠遠望去，整個塔群就如一個金字塔，構思十分巧妙，它們依山而建，從上至下，按基數一三五七九以此類推，排成十二行，排成了整體平面成三角形的巨大塔群。過去民間傳說，這裏是穆桂英的點將台，但隨著文物考古部門一九八七年對它的發掘清理發現，它是西夏時期保存下來的佛教而且這種類型的佛塔，是目前國內唯一完整保存下來的藏傳佛教建築遺產。

鍾侃：有一段時期我們把它看成是元代的，為什麼講它是元代的，因為它是喇嘛塔。這種塔與北京白塔的形制基本上是相近的，

最早的時候把它定成是元代的
建築。前幾年在維修的時候，
是把它的內部拆開來進行維修
的，這時就發現有些磚、有些
構件是西夏的東西，由此肯定
一百零八塔，是始建於西夏，
而不是元代。

↑ 敦煌西夏壁畫 1

史料記載，藏傳佛教是從
元代起逐漸傳入內地的，但是
爲什麼具有典型藏傳佛教特徵
的建築，會在元代以前出現在
西夏境內呢？這一點通過一百
零八塔和西夏境內其他寺塔內
發掘的帶有濃郁藏傳佛教痕跡
的文物、文獻已做出了解釋。
藏傳佛教，不僅在元代以前就
傳入西夏，而且已經形成了很
強盛的規模。可以說西夏是藏
傳佛教進入中原地區的一個橋
樑。

↑ 敦煌西夏壁畫 2

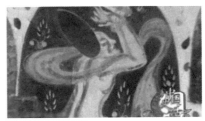

↑ 敦煌西夏壁畫 3

大概正是西夏這個橋樑作
用，才爲後來元代統治者與吐蕃
接觸，達成西藏統一談判，提供
了融洽的政治氣氛和宗教親和
力。當年蒙古王公闊端與吐蕃宗
教領袖薩迦班智達商談吐蕃歸屬
蒙古大事，地點就選在了西夏時

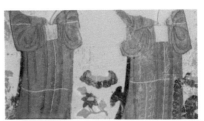

↑ 敦煌西夏壁畫 4

期藏傳佛教已形成濃郁氣氛的涼州，史稱涼州會盟，此時距西夏滅亡只有二十年時間。因其藏傳佛教的背景，為元朝統一西藏奠定了堅實基礎，這是一個巨大的歷史貢獻。

原甘肅武威地區地名辦公室主任、回族學者王寶元：一二四七年闊端王和西藏的宗教領袖薩加班智達，就在白塔寺進行了會商，達成了西藏歸隨中原的條款，西藏作為元朝的一個地方政權。涼州白塔寺，是闊端王和西藏宗教領袖薩加班智達會商的地方，又是達成西藏歸隨中原條款的地方，又是發表班智達告蕃人書的地方，所以它見證了祖國的統一、領土主權的完整，它的歷史地位是非常重要的。

橫穿寧夏山區南北、延綿二百多公里的賀蘭山，是黨項人心中的神山。整個山脈分布了三十七個溝谷，每個溝裏，都是一個歷史文化的長廊。山內岩石上，壁畫、岩畫，以及寺廟遺址隨處可見。

位於賀蘭山中段的拜寺口，據說西夏時期叫百寺口，原因大概與那片相當規模的寺廟建築群遺址有關。遺址內遍地是破碎的磚瓦和斷牆殘垣，

⬆ 敦煌榆林窟中西夏供養人群像壁畫

⬆ 敦煌榆林窟中西夏供養人像 1

⬆ 敦煌榆林窟中西夏供養人像 2

⬆ 表現西夏時期多民族交融的復原場景

⬆ 賀蘭山臥佛峰

置身於此處，你會強烈感受到當年這裏寺廟建築的恢弘和壯觀，在這片建築遺址的一側，有一座與周圍環境形成鮮明對比、泛著紅色的山脈，山脈下兩座西夏時期佛塔，如同一對歷盡艱辛的姐妹，相隔百米分東西而立，兩塔外形高度相似，同為八角形，運岩式磚塔，其裝飾繁縟華麗，充滿了秘宗佛教色彩。

從兩塔的中間，遠遠望去，紅色山脈正中的岩石上，是一尊自然形成，似乎有些像佛頭的山石，這獨特的自然景觀，大概就是西夏人在此建塔造寺最初的情結。一九九九年，寧夏考古研究所對這片遺址進行了發掘，發掘結果表明，西夏時期這裏曾分布著幾萬平方米的寺廟建築和大片的塔林。

二〇〇一年，考古人員在雙塔腳下打探方時，又發現了新的奇異現象，在距地面1.5米深的地下，埋有排列整齊的方磚和排水暗道。這些建築遺址，又是何人何年所建呢？

寧夏賀蘭山岩畫管理處處長、研究員賀吉德：在探方下面看到的寺廟地表鋪著地磚，看來這兩座塔是在原來的基礎上又建立起來的，因此說，這裏的寺廟遺址非常多，是延續了前代的一些建築遺址。

另外探方中，有一層被焚燒的痕跡，這又是在什麼情況下形成的，是天災還是人禍？這些謎至今仍在史學家和考古學家的研究之中。賀蘭山的岩畫，應當稱得上全國之最，很多伸向溝內的岩石上，都有史前人類留下的刻痕。一幅幅構圖簡單的岩畫，既有原始宗教含義的作品，也有生殖崇拜的圖騰，但讓人難以解釋的是，岩畫中那些帶有宗教含義的西夏文題記，這是否可理解為儘管西夏時期佛教昌盛，但來自原始社會氏族階段的黨項人，對自然崇拜，性崇拜的觀念，依然強烈而深刻。

賀吉德：在賀蘭山岩畫圖案上，有很多西夏文字，其中有五個字翻譯成漢語就是能昌盛正法，另五個字是西夏字的「佛」字。在

溝口內外，發現了一些西夏的文化遺址，黨項人肯定在賀蘭口曾經頻繁地活動過。

一九八六年四月，寧夏回族自治區銀川市在市內繁華地段重修百貨大樓的施工中，當打樁機向下捶打時，監測打樁機的儀器，卻突然發出異常聲響。施工人員當即停止打樁，查找原因，當查到打樁機錘打過的土層一側時，一批精美的文物，包括七尊通體鎏金的青銅造像破土而出，當時的情景，讓在場的每一個人都倒吸一口冷氣，真是天意，因爲銅像和打樁機錘打的距離幾乎是擦邊而過，稍偏毫分，這些銅像便將毀於一旦。

這些文物經專家鑒定，均出自於西夏。另外從它們無序的掩埋方式分析，專家們認爲，這極有可能是蒙古大軍當年破城之際，寺內僧人倉皇出逃時埋下的，也許他們幻想有一天能重歸故里，沒想到這一埋，竟過去了近八百年。

敦煌藝術，是中國古代各族人民精神生產的智慧結晶。歷史上很少有人會把這個世界級的寶貴遺產和西夏人聯想起來。然而在一九六四年的夏末秋初，中國科學院民族研究所，會同敦煌文物研究所組成的敦煌西夏洞窟專家考察組，經過三個月對洞窟的考察，發現在這裏的五百多個洞窟中，西夏洞窟竟多達八十多種。如果把敦煌所經歷的朝代一一相連，應該說自隋唐以後，敦煌藝術最有力的繼承者，不是元明清，而是一直被人忽視的，曾經統治過這裏近兩個世紀的西夏王朝。西夏在此統治時期，從沒中斷過對洞窟的開鑿，這期間不僅政府出資操辦，一部分黨項人也加入到出資行列，他們就是迄今仍然留在敦煌石窟壁畫中的西夏供養人畫像。

史金波：供養人是把一個真實人物描繪在佛教寺廟或者佛教洞窟裏邊，就是表示我來信仰佛教，虔誠地禮佛，我來做功德善事。

西夏晚期的人物，在敦煌榆林窟中表現得極有特色。榆林窟第二十九窟西壁的西夏供養人群像最富有代表性。這些人物面部豐滿

而微長，鼻樑較高，身材魁梧，與史料中記載西夏人面部特徵，圓面高鼻正相吻合。今天這已成為研究西夏文化的活化石。

西夏時期，黨項人位於主體，軍事上佔優勢，處統治地位，但境內漢族人數卻佔多數，在政治文化上也很有建樹。吐蕃和回鶻在西夏勢力較弱，但在宗教的傳播和發展上，起到了積極作用。這種各有特點和優勢的民族格局，使多民族的文化保持了大體的均衡。在長達二個世紀的歷史中，黨項族、漢族、吐蕃、回鶻等幾個民族，在政治、經濟、文化各方面，相互交流，相互滲透，使西夏呈現出文化上的民族深層次交融的局面。

白濱：西夏是從外邊來的，到了中原以後，接受了中原文化，但是在河西，在絲綢之路上，回鶻文化它吸收，藏文化、吐蕃文化，也大量地吸收。

歷史上，西夏王朝賴以生存的西北地方，是東西方經濟、文化交流的重要通道。西夏建國前後，由於連綿戰爭所致，期盼安寧是當時普遍的社會心理，而佛教信仰恰恰迎合了這種需要，因此寺廟佛塔成了人們寄託希望、乞求平安的一個精神場所。加上絲綢之路作為紐帶，長期以來，西夏一直以來就是佛教東傳的一個橋樑，佛教思想在西夏境內具有紮實的社會基礎。

史金波：西夏時代，人們生活是很苦的，生產力水準很低，而且戰亂也比較多，社會不安定。佛教的教義就是說人到這個世上以後，來受苦，修來世，來世享福。在這種情況之下，佛教的教義能夠深入人心。人們把這種虛無縹渺的東西，作為一種精神上的安慰。而西夏的統治者，他也深知，西夏要發展佛教，讓百姓可以忍耐，可以去受苦，這對維護他的統治是非常有利的，所以他大力提倡。在這種背景下，佛教當然就在西夏發展起來了。

西夏佛教在西夏文化和中國佛教史上，都佔有極為重要的意

義。西夏王朝滅亡以後，它們的後裔又通過佛教信仰，延緩了黨項民族消亡的時間。

<4> 岩石上的足跡

位於河西走廊的古城涼州，歷史上是絲綢之路上的重鎮。涼州城北有一座千年古寺，名為護國寺。十九世紀初，深秋的一天，護國寺出現了一位特殊的遊人，名叫張澍，他是晚清著名史學家，正是這次遊歷，使張澍成為西夏文變成死文字後，第一個認出它的人。當年走進護國寺的張澍，對寺內一座四面都用青磚封砌的碑亭產生了好奇，他當即叫來僧人要求打開，但僧人不從，也許是迫於張澍的執著和名氣，最終這座被歷史塵封了近六百年的碑亭，還是在張澍的堅持下，被打開了。呈現在張澍眼前的碑體上，一面是漢字，另一面粗看也像漢字，但仔細看卻一個都不認識。憑著多年學術上積累和碑中有關西夏年號的漢文提示，張澍做出判斷，此種不識文字，是已消失在歷史中的西夏文。碑中記載的是西元一〇九二年，因涼州大地震，原塔被毀，西夏重新修塔的內容。

白濱： 西夏建立以後，有一種說法是說它的西邊的涼州是西京，銀川是東京。

應當說，張澍當年的這一重大發現，傳播並不廣，以至於在他識別涼州護國寺西夏文字的近百多年後，史學界還在為西夏文的識別大打筆墨官司。居庸關是萬里長城八達嶺上的一座重要隘口，在隘口的過街塔雲台門洞的石壁上，刻有六種文字的佛經，其中一種

就是西夏文。一八七九年，英國學者偉列見到它說是女真小字。之後法國學者德維利亞，又小心翼翼地猜測可能是西夏文。當時國內學者的推測，也是五花八門。就這樣爭來猜去，直到上個世紀初，俄羅斯人根據黑水文獻中發現的《番漢合時掌中珠》破譯西夏文字後，這椿筆墨官司，才算了結。

　史金波：這裏面最重要的是刻有六種文字，有梵文、藏文、八思巴文、回鶻文、西夏文和漢文，其中有一種就是西夏文，為什麼當時刻這六種文字呢？當時除去梵文以外，這六種文字在中國都是比較通行的文字，西夏在這時已經滅亡了一百多年，其中西夏的後裔，就是黨項族在全國還有很大的影響，就是在北京還駐著他們的軍隊，就是唐兀軍。

⤒ 護國寺遺址

⤒ 護國寺碑亭中的碑體

⤒ 居庸關隘口過街塔雲台門洞

⤒ 居庸關隘口過街塔雲台門洞中的西夏經文

正如專家所言，居庸關過街塔修建時，西夏王朝已在中國歷史上消失了達一個世紀之久，可它的文字，為什麼會在它消失後，出現在這裏呢？這是當時關注西夏歷史的學者們，對西夏後裔的去向，產生最初興趣的觸動。

史料記載，西元十一世紀初，成吉思汗率領蒙古鐵騎穿過漠北，在圖謀中原的征途中，矛頭首先指向了途徑之地的西夏王朝。從一二〇五年成吉思汗藉口西夏收納蒙古仇人，攻入西夏境內開始，共耗時二十二年，先後六征西夏。西夏也曾進行了拼死抵抗。尤其是靈州之戰，造成了蒙古大軍的慘重傷亡，其激烈程度，為蒙古軍隊作戰以來所少見，致使蒙古大軍對西夏的軍事打擊愈加慘烈。加上統治階級自身的腐朽，西夏的滅亡，也只是個時間問題。一二二五年，西征勝利歸來的成吉思汗，

⬆ 西夏抵抗成吉思汗軍隊進攻的畫面

⬆ 成吉思汗臨終前的復原場景

⬆ 寧夏海原縣臨羌寨遺址

又親率大軍十萬，先破黑水城，後戰沙州，一路席捲河西走廊，而後兵鋒直指西夏國都興慶府。但就在這時，一代天驕成吉思汗，卻因病魂斷賀蘭山，根據他臨終前曾立下的遺囑死後暫密不發喪，待打下西夏都城，將城內軍民全部殺掉後，再行葬禮。

鍾侃：根據元代寫的《多桑蒙古史》記載，當時成吉思汗除了下令要他死以後，要滅夏以前，甚至規定了軍隊在吃飯的時候，讓軍隊要呼喊，要滅亡西夏，要滅亡西夏，喊了這個口號以後，士兵才開始吃飯。從這一點上可見看出在成吉思汗的心目當中，對西夏是非常仇恨的。

成吉思汗之死，招致了蒙古大軍更為殘酷的殺戮，血腥的屠城，加上一場突如其來的大地震，使西夏軍民免者百無一二，屍骨並枕，興慶府變成一座死城。

鍾侃：為什麼要滅西夏？成吉思汗為了全力對付金人，統一中國，首先從戰略上來講，他必

↑ 大元肅州路也可達魯花赤世襲之碑

↑ 河南濮陽市唐兀碑

↑ 河南濮陽市唐兀碑碑文

↑ 河南濮陽的楊氏村家族譜

↑ 河北保定八稜經幢

須先把西夏滅掉，這樣的話，就沒有後顧之憂了，他可以集中全部力量，來向南挺進，統一中國。

當年蒙夏之戰，究竟慘烈到什麼程度？通過寧夏海源縣臨羌寨這座古城遺址中發現的填屍坑可略見一斑。歷史上這裏曾是蒙夏之戰的一個重要戰場，二十世紀九○年代初，一個牧羊人無意中在此發現了大片骨骸，他當即撿了滿滿一車，拉到縣城出售，消息不脛而走，從此揭開了這裏大規模連續三年挖骨的序幕。在這塊二百畝地大小的古城內，每天聚集著不少挖骨人。一時間，這個荒涼寂靜的山溝裏，變得車水馬龍，成車成車的骨頭，被運往山外出售。

當地村民：這是手上的，這是頭部上的，這是牙齒，這是眶眼上的，這些骨頭和牲口的骨頭不一樣，這是三杈骨，這是髖骨的。有些坑裏壓著一層一層的，足有一米多深。在挖屍骨的十來天時間裏，有上萬人，連大拖拉機都開來了。一天一個人能挖五百斤骨頭。

史金波：確實蒙古軍隊所到之處，造成了很大破壞。但是蒙古人、蒙古的軍隊、蒙古的統治者，也有一些方法和手段，在進攻一些地方的時候，往往使用兩手政策，一個是勸降，一個是武力攻打。征服西夏的時候，有的地方打得非常激烈，在這個時候呢，這個城池被打下來以後，往往採取屠殺破壞的方法，但是有些地方，又採取誘降的辦法，這個時候，如果西夏的軍隊，投降了蒙古人，就不採取屠城的辦法，有好幾個城市就是這樣被蒙古軍隊佔領的。

一九七六年九月，西夏學者史金波、白濱在甘肅酒泉考察時，無意中發現了這塊被稱之為《大元肅州路也可達魯花赤世襲之碑》，碑中篆刻的內容，記錄著當年蒙古軍隊攻打西夏肅州時，肅州城內的黨項上層率部投降，而被任命為肅州官員並世襲「也可達魯花赤」官職的經過和部分西夏軍隊被充入蒙古軍隊，以常務軍的名號，與

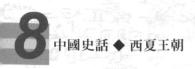

蒙古大軍一起逐鹿中原的記載。正是這個碑，也爲西夏後裔的去向，提供了準確的信息。

就在酒泉唐兀碑發現後不久，記錄著西夏人歷史的唐兀碑，在冀魯豫三省交界處的河南省濮陽市被發現。唐兀碑矗立在濮陽市城東五十里，金堤河旁，一個叫楊十八郎村南面的一片墓地裏。碑中內容，將一支西夏後裔的遷徙圖，清清楚楚地勾勒了出來，它記載了周圍楊氏家族的祖先唐兀台和他的兒子闆馬跟隨蒙古大軍，從西夏故地一路征戰來到這裏，並接受冊封的經歷。碑文中「世居寧夏路賀蘭山」的刻文，至今清晰可見。

河南省濮陽市文化幹部焦進文： 它詳細記載了西夏亡國以後，黨項族的一支從賀蘭山經過幾次戰役，遷徙到濮陽。一方面生產，一方面準備戰爭。再一個和漢族處理好關係，所以他的家族是隨著戰爭部隊來到濮陽。他們是跟從軍隊、隨從軍旅定居在這個地方，慢慢地成爲當地的漢民。

以楊十八郎村爲中心，周圍十多個自然村的楊氏村民，世世代代都是根據唐兀碑了解到他們的祖源，楊氏村民們，把這個碑看成他們的根。

河南省濮陽市文化局副局長孫德萱： 過去一有水患，一有戰爭，一有其他的動亂，大家首先想到的是如何把唐兀碑保護好，保護它的安全。比如日本鬼子侵入中國的時候，楊家就把它埋了，後來等安定了以後，又把它刨出來了，還豎立在原來的位置。在楊氏掌門人楊村藻的家裏，我們見到了這個奇特的家譜，楊氏的祖先，在石頭上記錄了他們的家族歷史，他們的後人則用筆墨繼續著血脈承襲的族譜。

一九七五年九月，史金波、白濱聽說在河北保定發現的兩個八稜經幢上，刻有一種不認識的奇怪文字，白濱先行趕赴保定進行考

察。當白濱站在八稜經幢前，看到石刻上的文字時，他愣了，上面確鑿無誤是西夏文，無疑這又是一次重大發現。白濱用了九天時間，拓了三十二幅拓片，帶回北京研究。在翻譯了拓

↑ 安徽合肥的《余氏宗譜》

片上的西夏文字後，從中得出保定有西夏後裔存在的驚人資訊。同年十二月，白濱又和史金波重返保定，尋找經幢出土的地點，在保定北郊韓莊村他們了解到，那裏的一所學校就是原寺廟遺址，當地人稱之爲西寺，經幢正是出土於這裏。

　　當地村民：聽咱們在此地人講，人們可以在這個廟裏面，看個病什麼的，求些藥什麼的。

　　經幢上的字跡告訴學者，這座經幢是明朝洪治十五年，也就是西元一五〇二年刻製的。上面近百個人名中，不乏黨項人姓氏，說明在明代中原保定一帶，仍有黨項人居住。經幢的發現，把西夏滅亡後，西夏後裔的活動，及西夏文字的使用下限，比過去至少推遲了一百五十年。當年篤信佛教，尚能使用西夏文字的黨項人，也許不會想到，他們的宗教信仰和民族文字，今天已成爲後世追蹤他們去向的重要憑證。

　　史金波：偶然一發現，你覺得很奇特，怎麼會在保定地區，完全是在中原地區有西夏人的存在，這裏好像跟在西北建國的西夏，沒有任何關係，這地方怎麼會有西夏文的石刻出現呢？我們通過西夏文的石刻來看，就是那兩個經幢上刻寫的文字題記來看，那地方確實有西夏人在活動。說明西夏滅亡以後，過了很長一段時間，這

個民族還沒有完全消失，這個民
族的人還有人懂西夏文，他們還
在活動。

　　有關西夏後裔在中原地區留
下的一強烈地吸引著關注著他們
的西夏學者。一九八〇年，史金
波同西夏學者吳峰雲來到安徽合
肥，就元代唐兀人余闕的後裔進
行了調查。

　　史料記載，余闕祖籍係西夏
時的甘肅涼州，其父沙剌藏卜於
元代自涼州隨軍遷到了今天的安
徽合肥，調查中，史金波、吳峰
雲根據《廬州府志》上提供的線
索，幾經周折，找到了余闕的後
人余章元、余國銓。還在合肥小
南門外的二里橋，和桐城市洪濤
山，分別發現了《余氏宗譜》，
根據宗譜的確切記載，余氏家族
是經過七百多年，傳承至今的西
夏後裔。

　　史金波：他們也知道他們的
老祖宗就是余闕，是從武威那邊
遷過來的，從西夏地區遷過來
的，而且他們還講了一些他們過
去的民俗，他們過年的時候都要

⬆ 康定木雅河

⬆ 木雅人的村莊 1

⬆ 木雅人的村莊 2

⬆ 木雅人的住屋

⬆ 木雅人的喇嘛塔

掛燈籠，燈籠上寫著「河西郡」「武威郡」。

元朝順帝年間，科舉中一甲二名進士及第者，就是當年隨父移居合肥的西夏人後裔余闕，之後他升至大元帥。一三五八年，余闕在鎮守安慶的戰事中戰敗自殺身亡，死後被元順帝追封為兵國公。

⬆ 康定安確寺

⬆ 安確寺內部

史金波：當時在元末農民起義的時候，余闕是安徽南部安慶這個地方的一個元帥，誰的元帥呢，是蒙古人的元帥。他鎮壓農民起義，後來他的力量不夠，力量不支，他戰死了，然後他的妻子也自殺了。他是作為一個黨項人的後裔，他給蒙古人殉葬了，其實殉葬的還不只這一個，在元末農民起義的過程當中，在鎮壓起義的過程當中，有好幾個黨項人的後裔，作為軍事的將帥，都殉葬了。

歷史上的小南門、二里橋村早已沒有了蹤影，昔日的郊區如今已經變成了城市的中心。原居住在這裏的余氏後裔，也不知遷往何處了。在當地考古部門幫助下，史金波他們在距合肥二百多公里的桐城市三十里鋪、蓮花池村，找到了另一支余氏後裔。這裏居住的是余氏家族第二十七代嫡傳子孫。在村民余開的家中，他們見到了保存完好的余氏族譜。族譜中除記載有余氏家族的傳承脈絡外，還繪有余闕廟和余闕墓的插圖。

　　據安慶地方誌記載，當年戰敗的余闕自殺後，他的妻子跳井守節，如今余闕夫人跳井的地方，已變成了熱鬧的市場。史料中記載，奉節井也早已不存在了。留下的只有一塊放置在安慶市博物館內的余闕夫人的石刻墓碑。

　　二○○二年九月，一份署名河南洛陽新安縣石甲里村的來信，放在了學者史金波的辦公桌上，信中說，根據他們那裏出土的一塊墓誌銘上的文字記載，居住在該地的李氏家族，是西夏皇族後裔，元代大元帥李恆的後代。接到信後，史金波來到洛陽，在距洛陽市五十公里外的新安縣鐵門鎮遷堂志齋博物館院內，見到了那塊墓誌銘，墓誌銘刻有墓主忠義官李仲，爲元大將李恆後裔的內容。據介紹，這塊明代嘉靖年間的墓誌銘，出土於李氏家族的祖墳，元史記載，李恆是西夏第七代皇帝安全的曾孫，當年作爲唐兀軍將領的他，推翻南宋統治的戰爭中，爲蒙古大軍立下汗馬功勞，正是他率領著唐兀軍，在福建最終將南宋小朝廷逼進了大海。

　　就李氏家族是否是李恆之後，專家現場對墓誌銘進行了考證，可能性存在，但要確認，還需要進一步考證，因爲墓誌銘與元史中有關李恆的記載有出入，而且從墓主李仲之後，李氏家族無家譜延續。

　　洛陽市新安縣千唐志齋博物館館長趙跟喜：現在只能說發現了西夏後裔忠義官的墓誌銘，然後有這個李氏，他這一支呀，隱居在這個地方，完全是有可能的。只能這樣說，完全有可能。

　　史金波：還有一個應該探討的地方，就是這墓誌銘裏面寫的，李恆的兒子三股枕，這個三股枕，在《元史》的記載裏面，它的三個兒子的名字，跟它對不上，三股枕的人名，如果認定他是李恆的兒子，還要做一番考證。

　　在出土墓誌銘的石夾里村西河魯溝，李氏家族爲李恆新近鑿刻

的紀念碑，孤零零地矗立在古墓的舊址上。對史金波等人的到來，周圍那些李姓的年輕人，表現得十分平靜，依然忙碌著他們各自手中的農活。和年輕人不同，倒是一些上了年紀的老人，不斷地向他們講述著祖輩在這裏祭祖的情景。

史金波：原來你們沒有發現這個墓誌銘的時候，有沒有傳說，你們是李恆的後代嗎？

村民：那不知道。

史金波：從我們這兩天考察情況來看，還不是很確定，還不是很清楚。從近年來西夏學者考察掌握的材料中，人們發現歷史上因亡國被充入蒙古軍戶的西夏人，除河南安徽的楊氏、余氏家族外，還分布在河北、山東、江蘇、江西、雲南、四川等地，但大多已被漢化，黨項這個詞對他們只是一種陌生的稱謂。

史金波：西夏滅亡以後，元朝是一個更大的民族大家庭。在這個時候，民族的交往、民族的交融更加複雜，更加頻繁。作爲當時西夏民族的後裔來講，在這個時候他們究竟到哪裏去了，現在我們可以說漢族裏有，蒙古族裏也有，其他民族當中可能也有。因爲這個時期，是民族大交匯的時期，我們說中華民族是五十六個民族，實際上是你中有我，我中有你。

文獻記載，黨項族在唐代自松潘一帶向北遷徙時，有一部分仍留在當地，被稱爲彌藥人，一千多年過去了，他們的後裔仍生活在這裏。有專家認爲，西夏滅亡後，一部分黨項人很可能受著魂牽夢繞的故鄉召喚，從戰火中逃了出來，橫穿松丹草原，翻越海拔四千多米的折多山，而回到了他們的發源地，就是今天被稱爲木雅的地方。

白濱：根據後人的研究，那裏的人基本上都應該是黨項人，甚至有一批到了木雅以後，又往西藏那邊走了，現在，錫金、不丹、

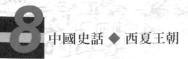

西藏都有一部分人叫夏爾巴人，他們說他們是木雅人的後裔。

生活在這裏的木雅人，同屬藏族。由石頭構築的村莊與隨處可見的石雕協調地結合在一起。木雅人居住的環境和衣著服飾，粗看和藏族沒什麼兩樣，但仔細觀察，就會發現實際上處處都與藏族存在著差異。木雅人的許多生活習慣，和漢族極其相似，這也許是他們祖先傳下來的習俗在他們身上的延續。尤其是流傳於木雅人之中，被當地藏族稱為「鬼話」的木雅語，連他們自己也說不清此種語言的淵源，這是否與西夏語有關，同樣是專家正在研究的課題。

信奉藏傳佛教的木雅地區，戶戶門前都有隨風飄揚的經幡，各個村莊都隨處可見白色的喇嘛塔，在藍天和雪山的襯托下，顯得格外注目。座落在貢嘎雪山下的康定城，在繚繞著雲山霧海中，時隱時現，彷彿讓人置身於一種特殊氣氛中，有種神秘莫測的感覺。城內有座安確寺，寺中的喇嘛是清一色的木雅人，他們對自己民族的歷史，雖略知一二，但也說不太清楚。據專家分析，西夏滅亡後，仍有相當一部分黨項人留在故地，元代過後，原來屬於西夏的部分地區，開始大量遷入漢人、蒙古人、回鶻人，他們與西夏移民和睦相處，繁衍生息。但隨著歲月的流逝，這些黨項人連同那獨特的民族文化一起被淹沒在了歷史的長河之中。

史金波：這個民族由南方遷到北方，由弱到強，然後消亡，它走的這個過程，對於在中華民族的大家庭之內，眾多民族是如何交往的，如何融合的，如何發展的，對這一過程的認識，應該說是非常重要的。我們可以從西夏這裏，尋求一些有規律的認識。另外，西夏的文化是中華民族文化當中的一個重要部分，它的優秀文化是我們傳統優秀文化的重要組成部分。對這些文化進行整理、發掘、研究，對於推動中華民族傳統文化的繼承和弘揚，是有重要意義的。通過這些材料的研究，我們能夠填充西夏的歷史，來彌補我們

歷史上的一些缺憾，所以說，研究西夏有重要的現實意義。

尋找不是爲了續一支香火，而是通過尋找中的發現，讓後來的人了解我們這個民族在融合過程中，你中有我，我中有你的深刻內涵。

在人類歷史發展的整個進程中，一個民族，在歷史大舞臺上的顯現和消失，起作用的是文化，而不是血統。

文化失去了，血統也就變得不那麼重要了。

縱觀西夏王朝，從興起到消失的整個歷程，又何嘗不是如此呢？歷史往往通過文化這個載體，完成它的傳承與延續。

永恆的是文化。

歷・史・大・事・年・表

| 西元581年 | 楊堅建立隋朝，都大興，是為隋文帝。北周亡。 |
| 西元589年 | 隋滅陳，全國統一。 |

西元604年	楊廣即位，即隋煬帝。
西元612年	隋煬帝率軍首攻高麗，大敗而還。
西元613年	禮部尚書楊玄感起兵反隋，敗。

西元617年	太原留守李淵起兵。
西元618年	李淵建立唐朝，定都長安。
西元626年	唐朝統一中國。
西元628年	李世民發動玄武門之變，殺兄李建成、弟李元吉。李淵傳位於李世民。

| 西元640年 | 唐太宗允文成公主嫁予吐蕃首領松贊干布。 |
| 西元641年 | 文成公主入藏，隨帶多種書籍及食品、醫療器械、種子等。 |

西元645年	玄奘回到長安，受到唐太宗李世民的接見。
西元649年	唐太宗李世民逝，其子李治即位，即唐高宗。
西元683年	唐高宗逝，子李顯即位，即唐中宗。
西元683年	徐敬業等在揚州起兵反武則天，被鎮壓。
西元684年	武則天廢唐中宗為廬陵王，立李旦為帝，即唐睿宗，武則天以皇太后身分臨朝稱制。

歷・史・大・事・年・表

西元686年	武則天下令置銅匭於朝堂,大開告密之風。
西元690年	武則天稱帝,自稱聖神皇帝,改國號周。
西元695年	義淨返國,武則天親自迎接。
西元710年	韋后與其女安樂公主毒斃唐中宗,立李重茂為帝。
	李隆基與太平公主發動政變,殺韋后、安樂公主等
	人,恢復李旦睿宗帝位,李旦立李隆基為皇太子。

西元712年	唐睿宗讓位於太子李隆基,是為唐玄宗。
西元713年	太平公主政變,敗,唐玄宗殺太平公主及其黨羽。

西元754年	高僧鑒真應日本聖武天皇約請,終於抵達日本。
西元755年	安祿山在范陽起兵叛唐。
西元756年	安祿山自稱大燕皇帝,都洛陽。
西元756年	唐玄宗逃往四川途中發生馬嵬驛兵變:兵士殺楊國
	忠,並迫使玄宗縊死楊貴妃。

西元759年	史思明在范陽自稱燕帝。叛軍再陷洛陽。
西元761年	史朝義殺父史思明,自立為帝。
西元762年	唐玄宗、唐肅宗死,李即位,即唐代宗。唐借回紇
西元763年	兵收復洛陽,史朝義逃往河北。
	史朝義敗亡,安史之亂結束。

西元765年	仆固懷恩又引回紇、吐蕃數十萬大軍攻唐,郭子儀
西元780年	說服回紇合力擊退吐蕃。
	唐頒行兩稅法。即根據人的居住地點立戶籍,按貧
	富等級納稅,稅分兩次交納,以錢計算。

歷・史・大・事・年・表

西元808年	牛李朋黨之爭之始。「牛黨」以牛僧孺為首,「李黨」以李德裕為首。黨爭達四十年之久。
西元817年	唐平定淮西鎮。
西元874年	王仙芝率數千農民在長垣起義,幾月內,起義軍擴充到數萬人。
西元875年	黃巢率數千人在冤句起義。
西元878年	王仙芝戰死,起義軍由黃巢統一指揮。

西元882年	黃巢起義軍中大將朱溫降唐。
西元884年	黃巢起義失敗。
西元901年	朱溫入關中,控制唐中央政權。
西元904年	朱溫殺唐昭宗,立李為帝,即昭宣帝。
西元907年	唐朝滅亡,被稱為五代十國的歷史,從此開始。
西元907年	朱溫奪取帝位,國號梁,是為梁太祖,史稱後梁。唐亡。
西元907年	耶律阿保機統一契丹各部。
西元916年	耶律阿保機建國稱帝,國號契丹。

西元936年	後唐河東節度使石敬瑭以割燕雲十六州地於契丹,稱契丹主為父皇帝,自稱兒皇帝的代價,換取契丹支持而稱帝建晉,史稱後晉,都開封,後唐亡。
西元937年	徐知誥(李)稱帝,建南唐國,吳亡。
西元947年	耶律德光入開封,後晉亡。契丹改國號為遼。

歷·史·大·事·年·表

西元947年	劉知遠在晉陽稱帝，國號漢，史稱後漢，都開封。
西元948年	劉知遠死，子劉承繼位，即漢隱帝。
西元950年	大將郭威廢漢隱帝，自為監國。
西元954年	郭威病逝，柴榮即位，即周世宗。
西元959年	周世宗病逝，子柴宗訓繼位。
西元960年	趙匡胤經陳橋兵變，稱帝，國號宋，史稱北宋，都開封。
西元961年	趙匡胤「杯酒釋兵權」，削除大將石守信、王審琦等的兵權，集軍權於皇帝手中。

西元975年	宋軍破金陵，南唐後主李煜納降。
西元986年	宋攻契丹，敗。
西元993年	四川青城縣王小波、李順領導農民起義首次提出「均貧」口號。

西元994年	農民起義軍攻克成都，建大蜀政權。不久起義被鎮壓。
西元1004年	宋遼澶淵之盟，宋每年向遼交納銀十萬兩，絹二十萬匹。
西元1032年	西夏國王李元昊繼位。
西元1038年	李元昊稱帝，國號大夏。
西元1069年	王安石任參知政事，宋神宗支持他變法。
西元1084年	司馬光編成《資治通鑒》這是中國第一部編年體史書。
西元1085年	宋神宗死、宋哲宗繼位，高太后聽政，起用司馬光，次年廢止王安石所行新法。

歷·史·大·事·年·表

西元1115年	女真建大金國，完顏阿骨打稱帝。
西元1120年	方臘領導青溪縣農民起義，次年敗亡。
西元1125年	金滅遼。
西元1125年	金兵攻宋，徽宗讓位於趙桓，是為宋欽宗。
西元1127年	金將宋徽宗、宋欽宗二帝及后妃等俘虜，北宋滅亡。

西元1127年	趙構在歸德即位，即宋高宗，後遷都臨安，史稱南宋。鍾相、楊么起義。
西元1130—1135年	宋高宗任用秦檜為相。
西元1131年	一心求和的宋高宗下詔令岳飛回師。
西元1136年	宋金「和議」宋向金稱臣，每年貢銀二十五萬兩，絹萬匹。
西元1139年	

西元1162年	宋高宗趙構傳位於太子，是為宋孝宗。
西元1163年	宋孝宗出師北伐，在安徽符離失利。
西元1164年	宋孝宗失去抗金信心，與金議和，宋割讓了海、泗、唐、鄧、商、秦六州之地。

西元1165年	李全領導章宜縣農民及瑤族人民起義，敗俘。
西元1174年	湖北茶販起義，敗。
西元1175年	賴文政被舉為領導，湖北茶販再度發動起義，屢敗官軍，後賴文政被誘殺，起義敗。
西元1179年	陳峒領導宜章縣黃沙峒農民起義，敗。
西元1206年	韓冑主持北伐，宋收復了泗州、新息、潁上、虹縣等地。金兵反攻到長江北岸。向遼請婚。

大地 中國史話系列叢書介紹

中國史話(1)
尋找失落的歷史年表
《石器時代、夏、商、西周》
(170萬年前～西元前771)
編著：中國史話編輯委員會
定價：250元

中國史話(5)
三朝上演的皇權沉浮
《元、明、清》
(西元1206～西元1842)
編著：中國史話編輯委員會
定價：250元

中國史話(2)
唇槍舌戰的春秋時代
《東周、春秋戰國》
(西元前770～西元前222)
編著：中國史話編輯委員會
定價：250元

中國史話(6)
吶喊聲中的圖強變革
《清末、民初》
(西元1900～西元1919)
編著：中國史話編輯委員會
定價：250元

中國史話(3)
氣吞山河的雄奇帝國
《秦、兩漢三國、魏晉南北朝》
(西元前359～西元573)
編著：中國史話編輯委員會
定價：250元

國家圖書館出版品預行編目資料

塵封不住的絢麗王朝／中國史話編輯委員會編著
— 一版—台北市 ： 大地出版社　2006〔民95〕
　面： 公分. -- （中國史話；4）
　ISBN 978-986-7480-65-1（平裝）
　ISBN 986-7480-65-1（平裝）
　1.中國 - 歷史 - 隋（581-618）2. 中國 - 歷史 - 唐（681-907）
　3.中國 - 歷史 - 五代十國（907-960）
　4. 中國 - 歷史 - 宋（960-1279）
　623.7　　　　　　　　　　　　　　95020481

中國史話(4)塵封不住的絢麗王朝

編　　者	中國史話編輯委員會
發 行 人	吳錫清
主　　編	陳玟玟
出 版 者	大地出版社
社　　址	114台北市內湖區內湖路2段103巷104號
劃撥帳號	0019252-9（戶名：大地出版社）
電　　話	02-26277749
傳　　眞	02-26270895
E - m a i l	vastplai@ms45.hinet.net
美術設計	洸譜創意設計股份有限公司
封面設計	洸譜創意設計股份有限公司
印 刷 者	卡樂彩色製版印刷有限公司
一版一刷	2006年11月

大地

定　　價：250元

中文繁體字版由上海科學技
術文獻出版社授權出版發行

Printed in Taiwan